Kohlhammer
Urban-
Taschenbücher

Wes 2

3,- DM

Band 138

85

Eugene E. Levitt

Die Psychologie der Angst

Dritte unveränderte Auflage

Verlag W. Kohlhammer
Stuttgart Berlin Köln Mainz

Titel der Originalausgabe: ›The Psychology of Anxiety‹. © 1967 by The Bobbs-Merrill Company, Inc., Indianapolis. Aus dem Amerikanischen übertragen von Liselotte Mickel.

Zu allen Zeiten war alles dem Wechsel unterworfen. Gewohnheiten, Sitten, Sprache und Lebensauffassungen, ja sogar die Moral – alles ändert sich. Nur die Angst bleibt sich gleich. Nur die Angst bleibt sich gleich.

Carter Dickson, 1956

Dritte Auflage 1976
Zweite Auflage 1973

Stuttgart Berlin Köln Mainz
Verlagsort: Stuttgart
Umschlag: hace
Gesamtherstellung: W. Kohlhammer GmbH
Grafischer Großbetrieb Stuttgart
Printed in Germany
ISBN 3-17-002789-1

Inhalt

Vorwort

Wir leben in einem Zeitalter der Angst. Die Angst unserer Zeit hat viele Ursachen: zwei Weltkriege in unserem Jahrhundert, ein kalter Krieg, der seit dem letzten noch immer andauert, ungeheure Wandlungen innerhalb der Völker auf geographischem wie auf wirtschaftlichem Gebiet, wodurch das Gefühl des Verwurzeltseins verlorenging, eine Umwertung der Werte, die uns unsicher gemacht hat in unsern Erziehungsmethoden, in unsern Moralbegriffen und Glaubensansichten. Was immer ihre Ursachen sein mögen, überall begegnen wir den Anzeichen von Angst – in der sozialen Unzufriedenheit und dem Verbrechertum, in Aversionen und Anomalien, im Alkoholismus und der Drogensüchtigkeit, in den häufigen Ehescheidungen und Geisteskrankheiten.

Wenn ein Buch den Versuch unternimmt, eine nüchterne Einführung in unser Wissen über die Angst zu geben, beschäftigt es sich mit einem Zeitproblem von zentraler Bedeutung. Dr. Levitt bemüht sich darin, sowohl das darzustellen, was wir über die Angst wissen, als auch das, was uns noch verborgen ist. Noch ist das uns auf diesem Gebiet zugängliche Material fragmentarisch, und noch sind unsere Forschungsergebnisse dürftig. Dies ist der gegenwärtige Stand unseres Wissens, und Dr. Levitt hat nichts um einer speziellen Interpretation willen zurechtgebogen. Wichtig war ihm, die Richtungen aufzuzeigen, in denen sich die gegenwärtige Forschung bewegt.

Stanford University

Ernest R. Hilgard

Meiner Mutter,
die mir nie unnötig Angst eingejagt hat.

I. Einleitung

Warum ein Buch über die Angst?

»Wir kennen keinen systematischen Begriff der Persönlichkeit, besonders, was ihre Entwicklung betrifft, der nicht dem Begriff der Angst eine große, wenn nicht zentrale Bedeutung beimißt.«(Sarason u. a., 1960)
»Die Angst ist einer der wichtigsten Begriffe in der psychoanalytischen Theorie. Sie spielt bei der Entwicklung der Persönlichkeit eine ebenso große Rolle wie bei der Dynamik der in ihr ablaufenden Prozesse. In Freuds Theorie der Neurosen und Psychosen und in der Behandlung dieser pathologischen Zustände ist sie ebenfalls von zentraler Bedeutung...« (Hall, 1954)
»Wenn die Angst mit biologischen oder sozialen Mitteln unter Kontrolle zu bringen wäre, so hätte dies fundamentale Veränderungen in der Organisation unserer Zivilisation zur Folge, und unsere Aussichten auf individuelles Glück würden sich erheblich vergrößern... Die Angst ist das alles durchdringende psychologische Phänomen unserer Zeit...« (Hoch und Zublin, 1950)
»Die Angst ist das offizielle Gefühl unseres Zeitalters.« (Schlesinger, 1948)

Es ist schwer, die Behauptung zu widerlegen, daß die Angst ein »alles durchdringendes psychologisches Phänomen« der modernen Gesellschaft sei. Die Welt scheint buchstäblich davon überzufließen. Sie beginnt schon in der Kindheit mit der Furcht[1] vor dem Unbekannten, dem im Leben noch nicht Erfahrenen, stiehlt sich durch unzählige große und kleine Ereignisse und mündet schließlich in die Furcht vor dem großen Unbekannten, dem Tod. Nicht als ob dieses Gefühl neueren Ursprungs oder heute von größerer Bedeutung wäre als in der Vergangenheit. Die Angst ist ohne Zweifel so alt wie der Mensch selbst und gehört keiner besonderen Zeit oder Kultur an.
Die Fähigkeit, Angst zu empfinden, haben wir von unseren vormenschlichen Vorfahren geerbt. Organismen von geringer Intelligenz ist sie zum Überleben unentbehrlich. Wenn ein Tier unfähig wäre, sich vor einem größeren, stärkeren oder schwerer bewaffneten Feind oder vor einem Waldbrand zu fürchten, würde es unter Umständen die Notwendigkeit, sich ihm durch Flucht zu entziehen, erst angesichts des Todes erkennen. Eine emotionelle Erfahrung zieht eine sofortige Reaktion nach sich, und in Wald und Dschungel bleibt oft keine Zeit, einen Entschluß zu fassen, selbst wenn der betreffende Organismus dazu in der Lage wäre.

Die Nützlichkeit der Angst als Mechanismus zum Zweck des Überlebens nimmt mit wachsender Intelligenz ab. Die Notwendigkeit, daß der Affekt als Momentauslöser für ein bestimmtes Verhalten wirkt, steht in umgekehrtem Verhältnis zur Urteilsfähigkeit. Auf dem Höhepunkt der Phylogenie – beim Menschen mit seiner maximal entwickelten Gehirnleistung – hat die Angst ihren Wert als Mittel zum Überleben größtenteils verloren und ist statt dessen zum ernstesten Problem seiner Existenz geworden.

Der Mensch braucht die Angst nicht mehr unbedingt zu seinem Schutz, aber ihre Macht und ihre Fähigkeit, unser Verhalten zu motivieren, ist darum bei uns nicht geringer als bei unvernünftigen Organismen. Dies hat die menschliche Gesellschaft längst erkannt, und sie bedient sich der Angst zur Erziehung ihrer Mitglieder, besonders der jungen. Das Schlimme ist nur, daß wir noch nicht wissen, wie wir uns der Angst bedienen können, ohne damit Verzerrungen und Bösartigkeit hervorzurufen. Die Angst ist so etwas wie ein hinterlistiger, bösartiger *Golem*, der uns eine Zeitlang gute Dienste zu leisten scheint, der sich jedoch schließlich gegen seinen Schöpfer wendet und ihn zu zerstören droht.

Angst ist zeitlos; doch haben wir erst in jüngster Zeit mit dem Fortschritt unserer Kenntnisse in den Berufen, die sich mit der geistigen Gesundheit der Menschen befassen, sowie in den Verhaltenswissenschaften angefangen, uns ihrer enormen Bedeutung für das menschliche Leben bewußt zu werden. Die Zahl der Erscheinungen, von denen behauptet wird, daß bei ihnen die Angst eine Rolle spiele, ist beachtlich. Fast jede feststellbare Form der Pathologie auf psychologischem, physischem und sozialem Gebiet gehört hierher. Fast jeder Winkel menschlichen Verhaltens, so glaubt man, wird irgendwie von der Angst beeinflußt. In wissenschaftlichen Zeitschriften werden ihr alljährlich Tausende von Abhandlungen und Versuchsberichten gewidmet. Die Angst ist nicht nur unser offizielles Gefühl, sie ist der Brennpunkt aller Bemühungen, die darauf abzielen, das menschliche Leben zu verbessern, ja vielleicht sogar seine Erhaltung in Zukunft zu sichern.

Inangriffnahme des Problems

Eine Gruppe mittelalterlicher Mönche soll, wie es heißt, sich in einem wissenschaftlichen Streit darüber ereifert haben, wieviele Zähne ein Pferd im Maul habe. Schließlich schlug einer von ihnen vor, die Streitfrage dadurch zu entscheiden, daß man sich einen Gaul herholen und ihm ins Maul schauen solle. Zweifellos ging dieser Vorschlag von einem noch jungen und in den Methoden des theologischen Disputs noch unerfahrenen Mönch aus. Die andern waren entsetzt. Es ist nicht sicher, ob sie den Lästerer aus dem Kloster verbannt, ob sie ihn der Inquisition als Ketzer überantwortet oder ihn nur zum Schweigen gebracht haben. Jedenfalls steht fest, daß die Mönche das Ansinnen, auf *empirischem* Weg zu einer Antwort zu gelangen, weit von sich wiesen.

»Empirisch« bedeutet wörtlich soviel wie »durch Beobachtung«, besonders soweit es sich um Naturphänomene handelt. Heutzutage informiert sich kaum jemand über die Natur in ehrwürdigen Büchern oder religiösen Schriften, wie die mittelalterlichen Mönche es getan hätten. Wir Modernen beziehen unser Wissen »aus dem Pferdemaul«.

Die Naturbeobachtung ist zwar zweifellos der unbewiesenen Meinung selbst eines Experten überlegen, sie hat jedoch auch ihre Nachteile. Nicht alle Pferde sind gleich, und wenn man die Zähne im Maul eines einzelnen Pferdes zählt, hat man noch keinen Beweis dafür, daß *alle* Pferde die gleiche Anzahl besitzen. Außerdem können sich die menschlichen Beobachtungswerkzeuge, Auge, Ohr und Gehirn, bekanntlich irren.

Die Naturbeobachtung ist zwar immer noch in einigen wenigen Disziplinen – wie der Astronomie und Anthropologie – die vorwiegende Methode zur Datensammlung, doch hat sie ihrerseits einem überlegenen Verfahren, der wissenschaftlichen Methode, Platz gemacht. Parallel dazu hat das Wort »empirisch« einen Bedeutungswandel durchgemacht und ist heute praktisch gleichbedeutend mit »wissenschaftlich« und »experimentell«.

Dies nur als Hinweis darauf, daß dieses Buch ein empirischer Bericht über die Angst und keine philosophische Abhandlung ist. Die meisten darin enthaltenen Schlüsse und Folgerungen über die Angst ergaben sich aus wissenschaftlichen Experimenten und nicht aus bloßen Beobachtungen oder Meinungen von Experten. Dies macht die Darstellungsweise zwar glaubwürdig, es bedeutet jedoch *nicht,* daß die folgenden Seiten nur endgültige, unangefochtene Tatsachen enthalten. Ganz im Gegenteil ist die Verhaltensforschung – eine Kategorie, welche unter anderem die Psychologie, die Soziologie und die experimentelle Pädagogik umfaßt – noch kaum aus den Kinderschuhen heraus. Ihre Zeitschriften sind voller Berichte über sich widersprechende, verwirrende, mehrdeutige oder schwer zu interpretierende Experimente, von den mißglückten ganz zu schweigen. Über menschliche Verhaltensweisen steht noch sehr wenig endgültig fest. Einige Untersuchungsergebnisse werden häufiger zitiert als andere; einige erscheinen logischer oder vernünftiger als andere; es gibt viele erfolgversprechende Richtungen und Wege, die noch nicht voll erforscht sind.

Die Psychologie der Angst gründet sich auf derartige Erkenntnisse. Eine umfassende Zusammenstellung aller Experimente, die sich mit der Angst befassen, wäre für einige wenige Wissenschaftler von unschätzbarem Wert, für jedermann sonst aber ein verwirrendes Durcheinander. Der Leser sollte sich vor Augen halten, daß ich gewisse Ideen und Arbeiten nach eignem Gutdünken ausgewählt und andere übergangen habe. Gewisse von meinen Kollegen häufig zitierte Versuchsberichte halte ich für unwichtig. Andererseits habe ich manche Erkenntnisse, die viele von ihnen vielleicht für unwesentlich halten, stark hervorgehoben. Obwohl ich glaube sagen zu dürfen, daß man meine Betrachtungsweise als wissenschaftlich bezeichnen kann, hat dieses Buch doch seinen subjektiven Blickwinkel.

II. Die Terminologie der Angst

Das Problem der Definition

In der Wissenschaft sind Zustände wie die Affekte und die meisten Bezeichnungen, deren man sich bedient, um die menschliche Persönlichkeit zu beschreiben, Konstrukte. Ein Konstrukt ist eine weitgefaßte Abstraktion, eine hypothetische Entität, die keine tatsächliche physische Existenz besitzt, die sich jedoch zur Erklärung wahrnehmbarer Phänomene als brauchbar erwiesen hat. Sie unterscheidet sich von etwas, das bestimmte physikalische Eigenschaften besitzt, wie etwa ein Tisch oder eine Landstraße, oder auch von einem wahrnehmbaren Akt, den man etwa mit der Feststellung: »Er ist die Straße hinuntergelaufen«, beschreiben könnte.

Diese Gegebenheiten sind unmittelbar manifest, was ein Affekt wie die Angst nicht ist. Man kann einen menschlichen Körper sezieren und ein Herz oder Gehirn finden, aber man kann etwas, das man gemeinhin als Angst, Extraversion oder Intelligenz bezeichnet, nicht lokalisieren.

Man benutzt Konstrukte zur Erklärung von Verhaltensweisen. Wir behaupten, jemand laufe weg, weil er Angst habe, oder sein Gesicht röte sich, weil er wütend sei. Und wir schließen aus diesen wahrnehmbaren Manifestationen auf die Existenz des Affekts selbst. Konstrukte werden gemeinhin (jedoch nicht im wissenschaftlichen Sinn) als etwas angesehen, das mit rein verbalen oder mit landläufigen Definitionen zu erfassen ist. Die verschiedenen verbalen Definitionen der Angst klingen alle sehr ähnlich:

»Eine qualvolle innere Unruhe wegen eines drohenden oder befürchteten Unheils...« (Webster, 1956)

»Ein Gefahrensignal, welches der bewußte Teil der Persönlichkeit fühlt und wahrnimmt. Es wird hervorgerufen durch ein Gefühl des Bedrohtseins innerhalb der Persönlichkeit... mit oder ohne Stimulation durch... äußere Situationen...« (American Psychiatric Association, 1952)

»Ein unangenehmer emotionaler Zustand, in welchem ein augenblicklicher und fortdauernder starker Wunsch oder Trieb nicht zum Ziel zu gelangen droht; eine Mischung aus Furcht und dem Vorgefühl künftigen Unheils; eine deutlich empfundene und andauernde Furcht von geringer Intensität; ein Gefühl der Bedrohung, besonders einer furchterregenden Bedrohung, ohne daß der Betreffende genau angeben könnte, worin diese Bedrohung eigentlich besteht...« (English und English, 1958)

»Fast alle sind sich einig, daß die Angst ein unangenehmer Gefühlszustand ist, der deutlich von anderen Gefühlszuständen zu unterscheiden ist und physiologische Begleiterscheinungen hat. Über diese allgemeine Grundbedeutung hinaus besitzt der Begriff jedoch noch andere Nuancen und Bedeutungsschattierungen, die jeweils von der besonderen theoretischen Einstellung und den Arbeitskriterien der einzelnen Forscher abhängen.« (Ruebush, 1963)

Offenbar kann man einfach sagen, daß Angst ziemlich das gleiche wie Furcht ist, und dementsprechend kann man die »allgemeine Grundbedeutung«, das, was man allgemein unter dem Konstrukt Angst versteht, festlegen. Furcht ist eine universale, persönliche Erfahrung. Jeder von uns kennt die Furcht aus seinem eignen Leben. Oder man könnte sie auch, grob gesagt, als einen komplexen Zustand bezeichnen, der durch ein subjektives Gefühl der Beunruhigung und eine erhöhte physiologische Reaktivität gekennzeichnet ist.

Wir alle verstehen, was Angst in diesem weiten, vagen Sinn bedeutet, doch genügt dies nicht für wissenschaftliche Zwecke. Wissenschaftliche Definitionen müssen präzise, objektiv und quantifizierbar sein. Volkstümliche Definitionen der Angst sind selbst voller abstrakter Konstrukte, die ihrerseits eine Definition erforderten. Was ist denn die genaue Bedeutung von »qualvoller Unruhe« oder von »Gefahrensignal« oder von »unangenehm«? Wenn wir versuchen, diese

Worte zu definieren, ertappen wir uns dabei, wie wir dazu nur weitere Konstrukte benutzen, die selbst erst definiert werden müßten.

»Wir könnten immer so weiter machen und Wort an Wort und Satz an Satz reihen im vergeblichen Bemühen, das ursprünglich nur aus einem einzigen Wort bestehende Konstrukt zu definieren. Selbst wenn wir uns dabei unendlich vieler Worte bedienten, hätten wir damit kaum dem Ausgangswort eine klarere Bedeutung verliehen...« (Levitt, 1961)

Um wissenschaftlich brauchbar zu sein, muß ein Konstrukt mit *Akten* und nicht mit Worten definiert werden. Diese Akte sind das, was Ruebush als »operationale Kriterien« bezeichnet. In der Experimentalsituation wird die Angst als eine Reaktion oder als eine Klasse von Reaktionen von einzelnen Versuchspersonen auf einen bestimmten Reiz oder eine Experimentalsituation definiert.

Der Versuchsleiter droht, die Versuchsperson durch einen elektrischen Schlag zu schocken; die Versuchsperson beginnt zu schwitzen, und ihr Puls beschleunigt sich. Die Schockdrohung, das Schwitzen und der beschleunigte Puls ergeben zusammen eine Definition der Angst. Oder der Experimentator stellt jeder Versuchsperson die Standardfrage: »Haben Sie Angst?«. Dann bilden die Frage und die Antwort »Ja« zusammen eine weitere Definition der Angst.

Der Bereich der möglichen Definitionen ist prinzipiell unbegrenzt und auch praktisch sehr weit. Sie alle werden von den abstrakten, rein verbalen Definitionen der Angst leidlich umschrieben. Keine einzige dieser *operationalen Definitionen* ist eine endgültige Definition. Eher könnte man jede als eine Teildefinition, als ein Paradigma oder ein typisches Beispiel von Angst bezeichnen. Jeder Experimentator wählt sich seine eigene Definition je nach seiner »speziellen theoretischen Orientierung«, nach Geschmack und Laune, entsprechend früheren Experimenten, seinem gesunden Menschenverstand oder seinen persönlichen Erfahrungen. Wichtig ist allein die Überlegung, ob die betreffende Definition später ein bestimmtes menschliches Verhalten vorauszusagen erlaubt und ob sie sich mit anderen Teildefinitionen verträgt.
Wenn alle die Teildefinitionen tatsächlich ein einziges Konstrukt definieren, sollte man erwarten, daß sie in der Versuchssituation korrelieren. Die Versuchsperson, die zugibt, Angst zu haben, müßte auch deren physiologische Manifestationen aufweisen. Stellt sich heraus, daß Teildefinitionen nicht korrelieren, erheben sich gewisse Zweifel an der Brauchbarkeit des Konstrukts (wenn im Einzelfall natürlich auch die Teildefinition nicht valid sein kann). In diesem Fall müßten wir zu dem Schluß kommen, daß das, was wir als

Angst bezeichnet haben, kein einheitliches Phänomen darstellt und vielleicht aufzuteilen wäre. Vielleicht sollten wir zwischen einer psychologischen und einer physiologischen Angst unterscheiden und nicht versuchen, beides in einem einzigen Konstrukt unterzubringen. So gesehen, ist die Angst sowohl hypothetisch als auch ein Konstrukt, denn wir sind nicht sicher, ob sie tatsächlich im wissenschaftlichen Sinn »existiert«.

Angst, Furcht und Phobie

Der Gedanke, daß die Angst kein einheitliches Phänomen sei, ist nicht neu. Viele Kliniker und Theoretiker behaupten zum Beispiel, die *Furcht* sei von der Angst zu unterscheiden. Diese Behauptung stützt sich auf zwei Argumente:

Der Ursprung der Angst

Verschiedene Theoretiker haben vorgeschlagen, den Begriff »Angst« auf die Furcht zu beschränken, die aus einer Quelle stammt, welche dem davon Befallenen unbekannt ist. Sie tritt auf »ohne Stimulation durch ... äußere Situationen«. Wenn jemand sich eines bedrohlichen Objekts oder einer bedrohlichen Situation bewußt ist, sollte man lieber von Furcht als von Angst sprechen.
Dieser Unterschied zwischen spezifisch und »freischwebend« ist jedoch in der Theorie wie in der Praxis schwer aufrechtzuerhalten. Es trifft zwar offensichtlich zu, daß jemand, der vom Randstein heruntertritt und beim Aufblicken einen Wagen auf sich zurasen sieht, sich vor einer spezifischen Gefahr fürchtet. Doch gibt es in unserem Leben nicht viel Bedeutungsvolles, das durch diese Art von Furcht gekennzeichnet wäre. Auch haben wir im allgemeinen beim Überqueren der Straße kaum unangenehme Empfindungen. Jemand, der unter freischwebender Angst leidet, fürchtet, daß »etwas Schreckliches geschehen wird«, doch weiß er nicht, um was es sich handelt. Eine derartige Angst findet man bei psychiatrischen Patienten, die unter Angstzuständen leiden, sie ist aber bei der Durchschnittsbevölkerung ungewöhnlich. Die meisten Angstreaktionen liegen zwischen der spezifischen und der diffusen Besorgnis. Sie sind weder besonders spezifisch noch völlig diffus.

Die Mutter, die sich unablässig um ihre Kinder ängstigt, fürchtet immer wieder andere Unglücksfälle. Jemand kann Angst haben, bei einem von vielen möglichen Unfällen verletzt zu werden. In jedem besonderen Augenblick ist der furchterregende Reiz spezifisch, im allgemeinen ist er diffus.

Man hat behauptet, die freischwebende Angst komme relativ selten vor, da die Angst nicht sehr lange in einem freien Zustand verharre. Angst zu haben ist qualvoll; nicht zu wissen, warum man Angst hat, kann katastrophale Folgen haben, da einem in diesem Fall kein Fluchtweg aus der drohenden Gefahr zur Verfügung steht. Man nimmt an, daß die Regulationsmechanismen der Persönlichkeit die freischwebende Angst an irgendein Objekt oder Ereignis heften, vor dem man dann Furcht empfindet, und daß auf diese Weise ein völliger emotionaler Zusammenbruch vermieden wird. Ein solches Objekt oder Ereignis ist gewöhnlich dadurch gekennzeichnet, daß es ohne ernsthafte Beeinträchtigung des allgemeinen Funktionsmechanismus des Betreffenden vermieden werden kann. Die meisten von uns können zum Beispiel sehr gut existieren, ohne je eine Flugreise unternommen zu haben. Gewöhnlich besitzt eine solche Furcht einen kleinen realistischen Kern. (Man könnte ja aus großer Höhe herunterfallen.) Aber die Furcht ist im Verhältnis zu der tatsächlichen Bedrohlichkeit des Reizes stark übertrieben. Einen solchen Zustand bezeichnet man als Phobie.

Die Phobie

Eine Phobie ist eine übertriebene Furcht vor einem bestimmten Objekt oder Ereignis, wenn die Wahrscheinlichkeit, daß der Betreffende dabei Schaden nimmt, sehr gering ist. Phobien existieren, doch ist die Behauptung, daß sie die freischwebende Angst in vollem Umfang repräsentieren, nicht leicht zu beweisen. Daß eine Art Zusammenhang besteht, erscheint logisch. Man fragt sich, wie eine Furcht ein so übertriebenes Ausmaß annehmen könnte, wenn sie nicht aus einem unklassifizierten Angstreservoir gespeist würde. Aber eine noch so unantastbare Logik kann eine empirische Nachprüfung nicht ersetzen.

Die Vorstellung von einer Beziehung zwischen der freischwebenden Angst und der Phobie stammt von Freud. Die frühen Psychoanalytiker haben sich ausgiebig damit beschäftigt, Phobien zu identifizieren und zu behandeln. Vor über fünfzig Jahren hat ein gelehrter Psychologe (Hall, 1914) eine Liste von 135 Phobien zusammengestellt und jeder den üblichen griechischen Namen zugeteilt, wie *claustrophobia* (Angst vor geschlossenen Räumen), *algophobia* (Angst vor Schmerz) und *taphophobia* (Angst, lebendig begraben zu werden).

Heutige praktizierende Psychologen schenken der Phobie nur noch wenig Beachtung, wenn es auch nach wie vor üblich ist, jede nicht als freischwebend angesehene Angst als »phobisch« zu bezeichnen.

Das Interesse an der Phobie hat nachgelassen, da es gewöhnlich schwierig ist zu entscheiden, wann eine Angst spezifisch genug ist, um als Phobie bezeichnet zu werden. Offensichtlich ist die *peccatophobia* (die Angst, eine Sünde zu begehen) ein weitverbreitetes und teilweise idiosynkratisches Phänomen. Jemand wäre ein seltener Vogel, wenn er nicht nach Möglichkeit Schmerz vermeiden wollte. Wo aber ist der Punkt, von dem ab man von einer Phobie sprechen kann? Beispiele, bei denen die Angst eine eindeutige Phobie ist, sind selten.
Die Unterscheidung zwischen Angst und Furcht, die sich auf deren spezifischen Ursprung gründet, ist nur in Extremfällen stichhaltig. Sie ist nur angebracht in den relativ seltenen Fällen, bei denen der Affekt durch ein scharf umrissenes Objekt oder eine derartige Situation ausgelöst wird, im Gegensatz zu dem Zustand des psychiatrischen Patienten, der für sein Angstgefühl keinen Grund angeben kann. Dagegen ist dieser Unterschied bei den vielfältigen Zuständen, die in einen Zwischenbereich fallen, nur schwer zu machen.

Proportionalität

Als weiteres Unterscheidungsmerkmal wurde vorgeschlagen, daß die Furcht einer wahrgenommenen, objektiven Gefahr proportional sei, während die Angst eine unverhältnismäßig intensive Reaktion darstelle.

Wenn jemand beispielsweise in einem Gebiet wohnt, wo eine schwere Epidemie ausgebrochen ist, an der einer von vier Einwohnern gefährlich erkrankt, so sind Manifestationen von Furcht, welche Unannehmlichkeiten, Unbequemlichkeiten, Schmerzen und Entbehrungen oder Verzicht auf Vergnügungen mit sich bringen, nicht als unangemessen zu bezeichnen. Nimmt man jedoch an, daß die Krankheit nur einen unter 100 000 Einwohnern befällt, so ist die Wahrscheinlichkeit, daß eine bestimmte Person sich ansteckt, so verschwindend gering, daß sich in extremen Gegenmaßnahmen eine übertriebene Angst widerspiegelt.

Dies ist ein ausgefallenes Beispiel. Vielfach ist es nicht einfach, die tatsächliche Situation zu erkennen, außer vielleicht in groben Umrissen.

So besteht zum Beispiel stets *eine gewisse* Gefahr, daß einem Kind, dem man erlaubt, allein in die Stadt zu gehen, etwas zustoßen könnte. Und natürlich würde man auch einem Vierjährigen diese Erlaubnis nicht geben. Aber in welchem Alter oder Entwicklungsstadium oder unter welchen Umständen sollte man einem Kind erlauben, dieses Wagnis zu unternehmen? Wo hört die elterliche Besorgnis auf, wirklichkeitsorientiert zu sein, und wo wird sie unangemessen? Die Unterscheidung ist schwer zu treffen, ganz abgesehen davon, daß auch die Eigenart des Kindes und die spezifischen Umstände zu berücksichtigen wären.

Schließlich ist noch darauf hinzuweisen, daß zwischen den physiologischen Begleiterscheinungen von Angst und Furcht kein Unterschied besteht, wie man sie auch immer theoretisch auffassen mag. Der menschliche Körper reagiert weitgehend gleich, ob die Angst nun als spezifisch, als freischwebend, als übertrieben oder realistisch angesehen wird.
Die Unterscheidung zwischen Angst und Furcht ist daher wenigstens im gegenwärtigen Augenblick rein theoretisch. Die Experimentatoren halten beide Bezeichnungen für austauschbar bei höchstens geringfügigen Bedeutungsnuancen. Diese Einstellung wird in den folgenden Diskussionen deutlich.

Angst und Streß

Das Wort *Streß* wird ständig in Verbindung mit emotionalen Zuständen gebraucht und tritt in Diskussionen über die Angst fast ebensooft auf wie das Wort *Angst* selbst. Der Ausdruck wird oft in verschiedener Bedeutung gebraucht, ohne daß der Betreffende näher erläutert, was er darunter versteht. Hierdurch ist eine ziemliche Begriffsverwirrung entstanden, und offenbar besteht keine Übereinstimmung darüber, was nun Streß wirklich bedeutet. Doch ist dieses Wort in der wissenschaftlichen Literatur über die Affekte bereits so tief verwurzelt, daß man es in einer systematischen Abhandlung über die Angst nicht übergehen kann. Streß ist ein Konstrukt, das Psychologie und Medizin aus der Physik übernommen haben. Streß im physikalischen Sinn ist die Kraft, welche auf eine Struktur oder ein System ausgeübt wird, die – wenn sie über eine bestimmte Intensität hinaus gesteigert wird – zur Verformung der Struktur oder des Systems führt. Hans Selye, der als erster dem Streß eine wichtige Rolle in der Medizin zugeschrieben hat, hat den Versuch unternommen, diesen Begriff auf die Dysfunktion des menschlichen Körpers anzuwenden.[2]

Trotz der wichtigen Rolle, die der Streß in seiner Philosophie der Medizin spielt (1956), äußert sich Selye nicht klar darüber, was er darunter versteht. Einmal sagt er, Streß sei eine reine Abstraktion, etwa wie die $\sqrt{-1}$ der Mathematiker, die zwar operational nützlich sei, der jedoch keine reale Existenz zukomme. An einer andern Stelle bezeichnet er den Streß als einen Zustand des Organismus, den man an seinen Reaktionen messe, und dann wieder sagt er, Streß sei das, was durch einen »Stresser« hervorgerufen werde.

Dieses Durcheinander setzt sich in der psychologischen Literatur fort. Aus dem jeweiligen Zusammenhang geht hervor, daß die verschiedenen Experimentatoren und Theoretiker unter Streß folgendes verstehen:

1. Eine bestimmte Reizsituation unabhängig von den Reaktionen der Versuchspersonen;
2. eine bestimmte Reaktion oder Reaktionsserie des Betreffenden unabhängig von der Situation;
3. eine bestimmte Situation *und* eine bestimmte Reaktion oder Gruppe von Reaktionen oder
4. einen Zustand des Betreffenden, der eine bestimmte Serie von Reaktionen nach sich zieht.

Es sind etwa die gleichen vielfältigen Anwendungsmöglichkeiten, die auch das Wort Angst besitzt. Daraus läßt sich schließen, daß Streß etwa im gleichen Sinn wie Angst gebraucht wird oder auch wie ein anderer emotionaler Zustand, mit dem sich der Experimentator oder Theoretiker befaßt. Angst und Streß sind »Homomorphismen«, wie sich ein Theoretiker ausdrückte. (Aiken, 1961)
Um Mißverständnisse zu vermeiden, sei vermerkt, unter welchen besonderen Bedingungen hier in diesem Buch die Angst als Streß bezeichnet wird:

1. Als »Streßsituation« wird eine Situation bezeichnet, die Reize oder Umstände enthält, welche dazu angetan sind, in dem Betreffenden Angst hervorzurufen.
2. »Unter Streß« steht jemand angesichts oder inmitten einer Streßsituation.
3. »Eine Streßreaktion« ist eine Veränderung des Zustands oder der Leistung eines Menschen, die vermutlich darauf zurückzuführen ist, daß er unter Streß steht.

Spannung

Spannung ist ein weiterer physikalischer Begriff, der mit dem Begriff Streß eng verwandt ist. Im wörtlichen Sinn ist etwas, das gespannt ist, straff angezogen oder durch Druck oder Zug gedehnt. Wird der Gegenstand über einen gewissen Punkt hinaus gespannt, so reißt oder bricht er.
Analog bezieht sich die psychologische Spannung auf einen durch Streß hervorgerufenen Zustand des Organismus. Daß diese Bedeutungsübertragung zulässig ist, erhärtet die Tatsache, daß als Begleiterscheinung von Gemütsbewegungen normalerweise eine effektive

Spannung der Körpermuskulatur auftritt. Als Spannung im weiteren Sinn bezeichnet man auch einen Zustand gestörten Gleichgewichts, der durch ein psychologisches Bedürfnis hervorgerufen wird und zu einem Verhalten führt, das darauf abzielt, dieses Bedürfnis zu befriedigen und dadurch das Gleichgewicht wiederherzustellen. In diesem Sinn kann man sich vorstellen, daß der Spannungszustand der Angst aus dem Bedürfnis entsteht, sich so zu verhalten, daß das Angstgefühl nachläßt. Oft wird die Angst durch den in Kapitel 4 behandelten Puffereffekt des Abwehrmechanismus nicht bewußt erlebt. Das zustandekommende Gefühl wird gewöhnlich als »nervöse Spannung« bezeichnet.

Spannung kann daher in bezug auf Angst und Streß zweierlei bedeuten. Weniger gebräuchlich bezieht sich dieser Begriff auf den Zustand der Muskulatur, der als Begleiterscheinung der Angst auftritt oder den sie hinterläßt. Öfter versteht man unter Spannung ein vages Gefühl der Beunruhigung und Ruhelosigkeit, ein vages, unbestimmtes Verlangen, *etwas* zu tun, was die Folge von Angst ist, welche unter der Bewußtseinsschwelle bleibt. In diesem Sinn ist Spannung eine *intervenierende Variable,* ein Zustand, der die unbewußte Angst mit dem manifesten Verhalten koppelt.

Arten der Angst

Wenn die Psychologen feststellen, daß jemand Angst hat, so kann man diese Feststellung auf zweierlei Weise interpretieren. Es kann bedeuten, daß jemand *in dem betreffenden Augenblick Angst* empfindet, oder es bedeutet, daß er *ein ängstlicher Mensch* ist. Diese beiden Interpretationen sind etwas völlig Verschiedenes. Erstere bezieht sich auf einen augenblicklichen und wahrscheinlich vorübergehenden Zustand, während letztere einen Dauerzustand ohne zeitliche Begrenzung darstellt. Die beiden Interpretationen werden gewöhnlich durch die Adjektive *akut* und *chronisch* voneinander unterschieden, mit denen man üblicherweise bestimmte Zustände in der Humanpathologie bezeichnet. »Akut« bedeutet dabei von starker Intensität und relativ kurzer Dauer; »chronisch« bedeutet von relativ geringer Intensität und unbestimmter Dauer.

Das Wort »akut« kennzeichnet pathologische Angstzustände recht gut. Der »akute Angstanfall«, der den Patienten in die Sprechstunde des Psychiaters treibt, dauert selten sehr lang, wenigstens nicht in seiner anfänglichen intensiven Form. Dieser hohe Intensitätsgrad wird in Versuchssituationen, die zum Studium der Angst arrangiert werden, nur selten erreicht. Die einem Streß ausgesetzte Versuchsperson empfindet oft ein Aufwallen von Angst, doch kaum jemals von der Heftigkeit, wie sie in psychopathologischen Fällen natürlich auftritt. Man kann daher auch zwischen der *akuten* Angst des psychiatrischen Patienten und der *situationsbedingten* oder *vorübergehenden* Angst einer Versuchsperson unterscheiden, die zwar noch feststellbar, aber weniger intensiv ist.

Im allgemeinen Sprachgebrauch müßte chronische Angst einen Dauerzustand von relativ geringer Angst bedeuten. Diese Auffassung steht jedoch in Widerspruch zu dem vorliegenden Tatsachenmaterial. Der unter akuter Angst Leidende ist sich dieses Gefühls auf erschreckende Weise bewußt, wenn er es auch nicht immer als Angst identifizieren kann. Die ständige Angst von geringer Intensität wird dagegen sozusagen nie zugegeben. Theoretisch dürften die meisten von uns in einer ständigen Angst von geringer Intensität leben, die uns normalerweise nicht bewußt ist. Der »Ängstliche«, dem man nachsagt, er leide unter chronischer Angst, ist nicht an dem *Grad* seiner Angst zu erkennen, sondern an der *Häufigkeit*, mit der Vorkommnisse und Gegenstände bei ihm einen nachweisbaren Grad von Angst hervorrufen.

Der Ausdruck »chronisch« im Sinn von dauernd oder fortwährend ist irreführend, wenn man ihn auf einen Gemütszustand wie die Angst anwendet. Was tatsächlich gemeint ist, ist eine starke *Neigung* oder *Veranlagung*, Angst zu empfinden. Der zur Angst Neigende empfindet bei relativ vielen Anlässen und bei mehr Gelegenheiten und Umständen als andere Menschen eine plötzliche Anwandlung von Angst.

Der Unterschied zwischen akuter oder situationsbedingter Angst und einer allgemeinen Ängstlichkeit oder Neigung zur Angst ist von Cattell und Scheier (1961), von Lazarus (1966) und von Spielberger (1966) dargelegt worden. Die situationsbedingte Angst ist ein vorübergehender Zustand. Sie entsteht als Reaktion auf einen Reiz, und es ist anzunehmen, daß sie sich in ihrer Intensität in Abhängigkeit von diesem Reiz ändert. Auch ist sie durch verschiedene physiologische Reaktionen gekennzeichnet, die als Begleiterscheinungen auftreten. Die allgemeine Ängstlichkeit ist dagegen ein relativ wenig Schwankungen unterworfener Dauerzustand eines Menschen, der einen ständigen Einfluß auf sein Verhalten ausübt. Ein solcher ängstlicher Mensch dürfte in jeder Situation eher zur Angst neigen, doch ist die Intensität seines Gefühls eine Funktion der Art der Situation und der persönlichen Eigenart des Betreffenden. Da keine vollkommene Korrelation zwischen dem Wesenszug und dem vorübergehenden Zustand anzunehmen ist, ist es stets wichtig zu wissen, welche von den beiden Bedeutungen der

Experimentator oder Theoretiker jeweils meint, wenn er von »Angst« oder von »ängstlich« spricht. Dies wird noch klarer, wenn der Leser mit der Heterogenität der Meßtechniken in Kapitel 5 bekannt gemacht worden ist.

III. Theorien über die Grundlagen der Angst

Der Zweck einer Theorie

Bekanntlich besteht der Zweck einer Theorie darin, die Existenz eines beobachtbaren Phänomens zu erklären, dessen Ursache noch nicht völlig bekannt ist. Wäre eine Theorie jedoch nichts weiter als dies, so wäre sie von einer Meinung, einem Glauben oder auch von einer bloßen Einbildung nicht zu unterscheiden. In der Wissenschaft muß eine Theorie mehr sein als eine Meinung. Sie muß ganz bestimmte Eigenschaften besitzen:

1. Das zu erklärende Phänomen muß objektiv meßbar sein.
2. Die theoretische Behauptung muß sich auf bereits bekannte Tatsachen gründen und mit diesen logisch vereinbar sein.
3. muß eine Theorie die Ableitung neuer Hypothesen und sekundärer Theorien zulassen, welche experimentell überprüfbar sind.

Eine Theorie muß nicht unbedingt im absoluten Sinn wahr oder richtig sein. Zur Erklärung des gleichen Phänomens kann eine Anzahl verschiedener Theorien herangezogen werden. Sie können offensichtlich nicht alle absolut richtig sein, doch können sie alle *vorübergehend* »wahr« sein, wenn sie nur den drei obengenannten Bedingungen genügen aus dem einfachen Grund, weil keine von ihnen bisher als inadäquat erwiesen wurde. Viele Theorien über alle möglichen Dinge waren einmal »wahr« und sind jetzt »falsch«, weil man neue Tatsachen entdeckt hat, welche die betreffende Theorie nicht erklären kann.

Eine wissenschaftliche Theorie ist ein Mittel zum Zweck und kein Selbstzweck. Für den Wissenschaftler ist die Brauchbarkeit einer Theorie wichtiger als ihre »Richtigkeit«. Das Hauptkriterium ihrer Brauchbarkeit ist, wieweit sie die Aufstellung neuer nachprüfbarer Hypothesen ermöglicht. Eine brauchbare Theorie bedeutet einen starken Auftrieb für die Forschung und die Aufdeckung neuer Tatsachen.

Diese Brauchbarkeit hängt weitgehend davon ab, bis zu welchem Grad sich eine Theorie auf anerkannte Tatsachen und nicht auf Spekulationen gründet, obwohl es immer auch »Schlußfolgerungen« geben wird. Solche unbewiesenen Annahmen sind selbst ein geeigneter Gegenstand für experimentelle Tests. Doch kann sich keine Theorie auf mehr Tatsachen stützen, als dem Theoretiker heute zugänglich sind. Da die experimentelle Arbeit sich auf dem Gebiet der Verhaltensforschung noch in einem recht rudimentären Zustand befindet, ist hier die Zahl der erhärteten Tatsachen noch gering. Diese Dürftigkeit der Daten zwingt den Theoretiker gelegentlich, selbst primäre Phänomene seiner Theorie vager zu definieren, als im allgemeinen zulässig wäre. Dies gilt auch für die Theorien über den Ursprung der menschlichen Angst.
Die im folgenden dargestellten drei Theorien sind die einleuchtendsten der bisher vorgeschlagenen, wenn auch keine von ihnen wirklich befriedigt. Ihre Mängel sind jedoch nicht so groß, daß sie nicht eine nähere Betrachtung verdienten.

Freuds psychoanalytische Theorie [3]

Sigmund Freud war ein scharfer Beobachter und ein einfallsreicher Denker, doch nahm sein Genie gelegentlich zu wenig Rücksicht auf wissenschaftliche Methoden. Obwohl die Grundstruktur seiner Theorie über die Entwicklung der Persönlichkeit fast fünfzig produktive Jahre lang relativ konstant blieb, hat er viele ihrer Aspekte, darunter auch wichtige, nie genau definiert. Freud scheint nicht unbedingt das Bedürfnis gehabt zu haben, seine Ansichten auch logisch miteinander in Einklang zu bringen, solange sie nur mit den grundlegenden Ideen seiner Theorie übereinstimmten. Er war ein fruchtbarer Schriftsteller, und seine Einstellung zu bestimmten Punkten änderte sich von Jahrzehnt zu Jahrzehnt, manchmal ohne daß er dabei auf seinen früheren Standpunkt oder auf andere Aspekte der Gesamtstruktur Bezug nahm. Daher sind des Meisters Absichten nicht immer völlig klar. Er ließ seinen Schülern Raum für deren Interpretationen, wobei diese gelegentlich die Dinge nach eigenem Gutdünken zurechtrückten.
Freuds Auffassung von der Entwicklung der Angst gehört zu seinen nicht klar formulierten Vorstellungen. Vielleicht kommt die Vieldeutigkeit daher, daß Freuds Einstellung zur Angst sich etwa dreißig Jahre nach der Einführung der Psychoanalyse drastisch geändert hat. Anfangs betrachtete Freud die Angst als eine rein physiologische Reaktion auf die chronische Unfähigkeit, bei den sexuellen

Beziehungen zum Orgasmus zu gelangen. Er war der Ansicht, daß sich dieser Prozeß auf dem neurophysiologisch-chemischen Sektor abspielt, und rechnete ihn daher nicht zu den echten psychologischen Störungen. Er glaubte, daß er durch eine Änderung der Sexualtechnik des Patienten vermutlich völlig zu beheben sei.

Merkwürdigerweise hat Freud erst viel später erkannt, welch entscheidende Bedeutung der Angst in einer Theorie der Persönlichkeitsentwicklung zukommt. Sein veränderter Standpunkt kündigt sich in einer kleinen Schrift mit dem Titel *Hemmung, Symptom und Angst* (1923) an. Angst, sagt er jetzt, sei ein spezifischer Zustand des Unbehagens, der von bestimmten motorischen Entladungen begleitet werde, ein Gefahrsignal. Symptome würden geschaffen, um die Gefahrensituation zu beseitigen. Die Angst sei demnach das fundamentale Phänomen und das zentrale Problem der Neurose. Ihrem Ursprung nach unterscheidet er drei Typen von Angst. Die *Realangst* hat eine deutlich identifizierbare, bestimmte Ursache in der Außenwelt und ist der von dem gefürchteten Objekt oder der beängstigenden Situation ausgehenden Bedrohung proportional. Realangst zu empfinden ist vernünftig und wirklichkeitsangepaßt. Die Unheilstifter sind dagegen die *neurotische* und die *moralische Angst*. Um ihren Ursprung zu verstehen, müssen wir kurz auf Freuds bekanntes dreiteiliges Persönlichkeitsmodell eingehen.

Nach Freuds Ansicht setzt sich die menschliche Persönlichkeit aus drei Teilen zusammen: dem *Es*, dem *Ich* und dem *Überich*. Das Es repräsentiert die biologischen oder »instinkthaften« Triebe, zu denen Sexualität, Aggression, Hunger, Durst und die an den sensorischen Prozessen beteiligten Bedürfnisse, wie das Bedürfnis nach Wärme und Abkühlung, gehören. Freud war von der Macht der biologischen Triebe stets stark beeindruckt. Er sah im Es eine vernunftlose, tierhafte Instanz, die ohne Rücksicht auf die Folgen für den Organismus ständig eine sofortige und vollkommene Befriedigung anstrebt.

Das Ich ist die der Wirklichkeit angepaßte Seite der Persönlichkeit. Es nimmt die Welt außerhalb des Organismus wahr und kontrolliert dessen unbewußte Regungen. Es assimiliert die Informationen von außen, überlegt, denkt und löst Probleme. Mit andern Worten, das Ich ist ebenso typisch menschlich, wie das Es animalisch ist. Man könnte sagen, daß das Es und das Ich von Natur aus konkurrierende Instanzen sind, deren Existenz unvermeidlich ist. Das Überich, welches, grob gesehen, mit dem »Gewissen« identisch ist, ist dagegen eine streng soziale Schöpfung. Seine Entwicklung ist eine Folge des Konflikts zwischen dem Es und dem Ich.

Jede menschliche Gesellschaft legt den Manifestationen der Es-

Impulse Beschränkungen auf. Ordnet man sich ihnen nicht unter, so kann dies Bestrafungen verschiedener Art durch die Umgebung nach sich ziehen. In den ersten Lebensjahren ist das Ich noch zu schwach, um direkt mit dem mächtigen Es fertigzuwerden. Das Überich entwickelt sich bei dem Bestreben, das Ich bei der Beherrschung des Es zu unterstützen.

Das Überich nimmt seinen Ausgang von den Beschränkungen und Strafen, die dem kleinen Kind von seinen allmächtigen Eltern auferlegt werden. Schließlich werden die ursprünglich von außen herangetragenen Lehren von dem Betreffenden unbewußt verinnerlicht und in moralische und ethische Grundsätze umgewandelt, die er dann als Teil seiner eignen Lebensphilosophie ansieht.

Freuds Auffassung vom Überich unterscheidet sich beträchtlich von der Vorstellung des Philosophen vom moralischen Gewissen. Das Überich geht ebenso willkürlich, unvernünftig und unerbittlich vor, wenn es moralische Beschränkungen auferlegt, wie das Es, wenn es augenblickliche Befriedigung verlangt. Sowohl das Es wie das Überich bleiben von der äußeren Realität unbeeinflußt und sind in ihrem ständigen Kampf zu keinem Kompromiß fähig. Das Es hat die Tendenz, ohne Rücksicht auf die Umstände zu fühlen, zu wünschen und zu handeln. Die Gegentendenz des Überichs besteht darin, jedes vom Es eingeleitete Verhalten zu blockieren, ebenfalls ohne Rücksicht auf die Begleitumstände. Das Überich ist nur dann im volkstümlichen Sinn mit dem Gewissen gleichzusetzen, wenn es durch das Ich wirklichkeitsbezogen wird. Das Es wird nur dann zum Wohl des Betreffenden kontrolliert, wenn die Kontrolle von einem vom Ich gelenkten Überich ausgeübt wird.

Nach Freud macht der Mensch bei seiner Geburt die erste Erfahrung mit der Angst, die dadurch entsteht, daß das Neugeborene aus seiner ruhigen, geschützten Umgebung im Uterus plötzlich durch eine Sperrlinie mit unvertrauten Reizen hindurchmuß. Seine physiologischen Bedürfnisse werden nun nicht länger wie im Uterus automatisch befriedigt, und das Kind ist nicht in der Lage, sich aus eigner Kraft Befriedigung zu verschaffen. Hierdurch entsteht eine vage Spannung, denn das Neugeborene hat das unbestimmte Gefühl, seine Es-Bedürfnisse könnten ungestillt bleiben, da es sich ja selbst nicht zu helfen vermag. Es merkt irgendwie, daß es ohne die Pflege seiner Mutter nicht weiterleben könnte. Von diesem unbestimmten Gefühl zeugt sein klägliches Weinen.

Freud sagt weiter, daß die Wahrnehmung der Abwesenheit der Mutter nun zu der Gefahr werde, bei deren Auftauchen das kleine Kind ein Angstsignal von sich gebe.[4] (Freud, 1923) Diese *Primärangst*, die aus Umständen erwächst, welche eine unmittelbare Le-

bensbedrohung für den Organismus darstellen, wird zum Vorbild aller späteren Angstreaktionen.
Die Primärangst ist eine Eigentümlichkeit der ersten Lebensmonate, während deren der Mensch weder ein Ich noch ein Überich besitzt und während deren seine Es-Bedürfnisse noch möglichst vollkommen befriedigt werden. Die Entwicklung des Ich beginnt am Ende des ersten Lebensjahres weitgehend als Funktion des normalen Reifungsprozesses. Gleichzeitig bekommt das Kind bei der Äußerung und Befriedigung seiner Es-Bedürfnisse von außen die ersten Beschränkungen auferlegt.
Jede Gesellschaft verhängt durch die jeweilige Elterngeneration derartige Beschränkungen. Ohne eine Beschneidung des Es wäre eine Institution wie die Gesellschaft überhaupt nicht möglich. Eltern erzwingen derartige Beschränkungen, indem sie mit dem Entzug ihrer Liebe und ihrer Hilfe drohen, was das kleine Kind dahingehend interpretiert, daß seine grundlegenden physiologischen Bedürfnisse unbefriedigt bleiben könnten.
Hieraus entsteht eine neue Art von Angst. Sie ist eine direkte Folge der Tatsache, daß das Es immer noch das Leben des Kindes beherrscht. Sowohl das Ich wie das Überich sind noch relativ schwach, obwohl ersteres genügend entwickelt ist, um die neue Bedrohung wahrzunehmen. Denn das Es droht dauernd, das Ich zu überwältigen, was mit der Nichtbefriedigung der Bedürfnisse bestraft werden könnte. Mit einer vom Es eingeflößten Gier verlangt das Kind nach Leckereien, die ihm zwischen den Mahlzeiten versagt werden. Der Drang ist mächtig, aber wenn das Kind ihn von sich aus zu befriedigen sucht, so hat es die schreckliche Aussicht einer Bestrafung durch die Eltern vor Augen. Die Situation erinnert es unbewußt an die Primärangst der ersten Lebensmonate, und sie wird ähnlich als »Gefahrsignal« interpretiert.
Im späteren Leben wird das Es unter die Kontrolle des Ich und des Überich gebracht und stellt nur noch selten eine bewußte Bedrohung dar. Es kann jedoch unbewußt bedrohlich werden, denn es können immer noch Umstände auftreten, welche Es-Impulse hervorrufen. Es sind dies in erster Linie Anstachelungen zu sexuellen oder aggressiven Handlungen, wie zum Beispiel die attraktive oder verführerische Nachbarin oder der unangenehme, aber mächtige Chef. Vielleicht nimmt das Ich diese Regungen gar nicht unmittelbar wahr und erfährt sie vielmehr unbewußt als Angst, gegen die das Ich verteidigt werden und gegen die es aktiv angehen muß. Dies ist die Erfahrung der neurotischen Angst, die Drohung des Es, das Ich durch das konsequente Ausleben sozial unannehmbarer sexueller oder aggressiver Impulse zu überwältigen.

Das Überich – jener frühe Verbündete des Ich zur Kontrolle des Es – kann ebenfalls zum Widersacher werden, über den das Ich die Kontrolle verliert. Das Überich kann dann schwere Strafen androhen, nicht nur für die offene Manifestation unangebrachter Es-Bedürfnisse, sondern auch für irgendwelche Es-Äußerungen, ja sogar für den bloßen Gedanken an ein es-gelenktes Verhalten. Diese Drohung führt zu Freuds »moralischer Angst«. Sie wird nicht als Furchtreaktion, sondern als Schuld- oder Schamgefühl erlebt. So kann zum Beispiel eine feindselige Äußerung oder Handlung gegenüber einem Herausforderer oder die bloße Vorstellung einer sexuellen Annäherung an die Ehefrau des Nachbarn eine moralische Angstreaktion hervorrufen.

Die primäre Funktion des Ich liegt in der Aufrechterhaltung der emotionalen Stabilität des einzelnen durch die Verhütung des bewußten Angsterlebnisses, das durch die Bedrohung durch das Es und durch das Überich entsteht. Zu diesem Zweck entwickelt das Ich die in Kapitel 4 und 9 behandelten Abwehrmechanismen und Persönlichkeitskriterien. Das erfolgreiche Ich verwendet diese zur Umwandlung der Energie der Angst in ein sozial annehmbares, nützliches Verhalten. Wird die Angst jedoch aus irgendeinem Grund so stark, daß die Abwehrstrategie versagt, so entwickeln sich bei dem vergeblichen Bemühen, mit der aufsteigenden Angst fertig zu werden, psychopathologische Symptome.

Die Theorie der Neo-Freudianer

Der Neo-Freudianismus war eine Bewegung, die in den dreißiger und vierziger Jahren entstand (vgl. z.B. Thompson, 1950). Ihre Hauptvertreter waren der Psychiater Harry Stack Sullivan, die Analytikerin Karen Horney und der Sozialpsychologe Erich Fromm. Wollte man den Neo-Freudianismus in einem Satz zusammenfassen, könnte man sagen, daß er die Psychoanalyse nicht mehr am Biologischen und Instinkthaften orientiert, sondern daß er das Schwergewicht auf das Kulturelle und auf die Umwelteinflüsse verlegt. Die Bewegung erhielt einen besonderen Auftrieb durch die Arbeit des Psychoanalytikers und Anthropologen Abram Kardiner. Kardiner unternahm seine psychoanalytischen Untersuchungen primitiver Kulturen ursprünglich in der Absicht nachzuweisen, daß Freud mit seiner Theorie recht hatte, kam dann jedoch zu genau entgegengesetzten Ergebnissen. Anstelle eines unveränderlichen Modells der Persönlichkeitsentwicklung, das nach Freuds Theorie zu erwarten gewesen wäre, entdeckte er, daß die Entwicklung und Eigentümlichkeiten der Persönlichkeit in den verschiedenen Gegenden der Welt ebenso starke Unterschiede aufweisen wie die sozialen Strukturen, Sitten und Kulturen.

Die Neo-Freudianer übernahmen vieles aus der orthodoxen Theorie und geben offen zu, sich Freud verpflichtet zu fühlen. Ihre Abweichungen von der orthodoxen Freudschen Psychoanalyse sind eher Akzentverschiebungen, doch ergaben sich dabei neue Gesichtspunkte, die Freud kaum berührt hat und die so wichtig sind, daß man wohl von neuen Ansätzen sprechen kann.

Die Neo-Freudianer betrachten die Entwicklung der menschlichen Persönlichkeit weitgehend als ein Produkt sozialer Einflüsse, wobei biologische Triebe eine relativ untergeordnete Rolle spielen. Sie glauben nicht, daß biologische Impulse für den Organismus von Natur aus bedrohlich sind; auch sprechen sie kaum vom »Es«, während sie am »Ich« und »Überich« festhalten.

Freuds Auffassung von der Primärangst teilen sie nicht. Angst kann ihrer Ansicht nach nicht entstehen, bevor das Ich eine minimale Entwicklungsstufe erreicht hat, d. h. bevor der Organismus seine Umgebung überhaupt wahrnehmen kann. Die Primärangst, wie die Neo-Freudianer sie verstehen, entsteht in frühester Jugend, wahrscheinlich vor dem Ende des ersten Lebensjahrs. Sie kommt zustande, wenn das Kind – wenn auch noch so undeutlich – wahrnimmt, daß es relativ hilflos ist und stark von einflußreichen Erwachsenen, vor allem von seinen Eltern, abhängt, die es nicht nur zur Befriedigung seiner fundamentalen physiologischen Bedürfnisse, sondern auch zu seinem Schutz und zu seiner Unterstützung bei den ständig neu auftauchenden Situationen braucht, mit welchen es noch nicht allein fertigwerden kann. Die drohende Nichtbefriedigung physiologischer Bedürfnisse wird als unwichtig angesehen. Angsterregend ist vielmehr die Möglichkeit des Verlusts von Schutz und Sicherheit, die Nichtbefriedigung der *Abhängigkeitsbedürfnisse*. Diese Abhängigkeitsbedürfnisse entstehen dadurch, daß das Kind seine Hilflosigkeit merkt und das Bedürfnis empfindet, sich von denen, die mehr Macht besitzen, helfen zu lassen.

Der Sozialisierungsprozeß beginnt, sowie sich ein Minimum an Ich entwickelt hat (d. h. sobald das Kind die Wünsche seiner Eltern verstehen kann). Die Eltern erzwingen die sozialen Sitten und Gebräuche mit ihren unvermeidlichen Beschränkungsmaßnahmen gegen impulsive Äußerungen, indem sie strafen und mit dem Entzug von Liebe und Hilfe drohen. Diese Bedrohung der Abhängigkeitsbedürfnisse ruft beim Kind Angst hervor. Um diese zu vermeiden, ist es gezwungen, sich dem Verlangen der Eltern zu fügen.

Wäre der Prozeß damit beendet, so wäre die Erwachsenenangst ein weit geringeres Problem. Aber der auf die Äußerung von fundamentalen Impulsen ausgeübte Zwang ist eine Frustration, und bei Säugetieren ist die natürliche Reaktion auf eine Frustration ein Ausbruch von Aggression, der sich gegen die frustrierende Instanz richtet. Die Neo-Freudianer schreiben dem Einfluß, den die Aggression als Reiz auf die Entwicklung ausübt, eine weit größere Bedeutung zu als die Freudianer. In der Frustration selbst sehen sie dabei nur einen relativ geringen Einfluß. Die sich daraus ergebende Aggression schafft die Schwierigkeiten.

Jede menschliche Gesellschaft begegnet der Äußerung von Aggression ohne Rücksicht auf deren Ursprung mit Zwangsmaßnahmen. In den westlichen Zivilisationen trifft die kindliche Aggression meist auf strenge elterliche Mißbilligung. Dies ist am häufigsten dann der Fall, wenn sie sich gegen die Eltern selbst richtet. Die Mißbilligung kann in körperlicher Züchtigung, in Zwangsmaßnahmen oder in der Androhung bestehen, dem Kind künftig nicht mehr zu helfen – kurz in allen möglichen Pressionen, welche beim Kind Primärangst hervorrufen. Es muß daher lernen, mit seinen aggressiven Gefühlen auf andere Art fertigzuwerden und sie nicht direkt den Eltern gegenüber zum Ausdruck zu bringen. Diesem Zweck dienen die Abwehrmechanismen, vor allem die Verdrängung. Unter Verdrängung versteht man das automatische, augenblickliche Vergessen eines Gefühls oder Gedankens, ohne daß der Betreffende sich dessen bewußt ist.

In späteren Situationen, in denen der Zorn des Betreffenden gereizt wird, kann der ursprüngliche, vielleicht längst vergessene Zusammenhang zwischen der elterlichen Mißbilligung und der Aggressionsäußerung einen Anfall von Angst hervorrufen. Diese *Sekundärangst*, die als Folge der Abwehrmaßnahmen entsteht, welche gegen die Primärangst eingesetzt wurden, ist ein von den Neo-Freudianern neu eingeführter Begriff. Die meiste menschliche Angst, behaupten sie, sei sekundär. Die menschliche Persönlichkeit besitze Abwehrmechanismen und Wesenszüge, die im Bemühen, sich gegen die Primärangst zu verteidigen, entwickelt worden seien.[5] Einmal entwickelt, haben sie die Tendenz, stabil und relativ starr zu werden. Der einzelne muß sich den neuen Anforderungen seiner Umgebung und neuen Drohungen anpassen, ohne damit seine ursprüngliche Abwehrstrategie zu gefährden. Eine ernste Bedrohung dieser Abwehrstrategie ruft wahrscheinlich eine frische Reaktion von Sekundärangst hervor, welche ihrerseits eine starke Intensivierung einer bereits existierenden Abwehrmaßnahme oder die Anwendung einer neuen erforderlich machen kann.

Angenommen zum Beispiel, der Betreffende hätte als Gegenmaßnahme gegen seine Primärangst das zwanghafte, dringende Bedürfnis entwickelt, sauber und pedantisch ordentlich zu sein. Wenn er sich dann in einem chaotischen Durcheinander befindet, das er nicht in Ordnung bringen und dem er sich nicht entziehen kann, wird diese Situation bei ihm wahrscheinlich Angst auslösen. Er kann sich nun gegen diese Angst durch Ableugnen verteidigen, d. h. durch eine neue Abwehrmaßnahme, welche die wirkliche Situation entstellt, indem vorgegeben wird, die Unordnung existiere nicht.

Ursprüngliche Abwehrmaßnahmen sind im Grunde gesund und werden durch neue Situationen nicht leicht erschüttert. Sind sie jedoch schwach oder durch längeren Druck geschwächt, so kann daraus ein Circulus vitiosus entstehen, in welchem die neue Angst eine neue Abwehrmaßnahme erforderlich macht, die ihrerseits neue Angst erzeugt und so weiter. Unter dem Druck dieser »Abwehrpyramiden« entwickeln sich psychopathologische Erkrankungen.

Lerntheorie und experimentelle Psychologie

Die psychoanalytische Theorie gründet sich weitgehend auf Beobachtungsmaterial, das von psychiatrischen Patienten gewonnen wurde. Es stammt fast ausschließlich aus Kliniken im Gegensatz zu den naturwissenschaftlichen Theorien, deren Daten experimentell ermittelt werden. Wenn man die psychoanalytische Theorie auch nicht außer acht lassen oder leichtfertig beiseiteschieben sollte, so wäre es doch unklug, sie unkritisch hinzunehmen, so einleuchtend sie auch immer erscheinen und wie sehr sie mit dem eignen Denken und den eignen Erfahrungen übereinstimmen mag.

Die psychoanalytische Theorie hat trotz der Unbestimmtheit ihrer Formulierungen und trotz des Fehlens empirischer Grundlagen dem primären Zweck einer jeden Theorie genügt: Sie hat die Aufstellung überprüfbarer Hypothesen ermöglicht. Die wissenschaftliche Forschungsarbeit, die zur Untersuchung verschiedener Komponenten der psychoanalytischen Theorie geleistet wurde, ist beträchtlich. Besonders sind hier die Arbeiten der Psychologen John Dollard und Neal Miller (1950) zu erwähnen.[6] Ihre Theorie über den Ursprung und die Entwicklung der Angst ist der Form nach typisch für die Arbeitsweise des Experimentalpsychologen, der sich auf wissenschaftlichem Gebiet betätigt, während sie ihrem Inhalt nach mit der psychoanalytischen Theorie parallel geht.

Um die Dollard-Millersche Auffassung zu verstehen, müssen wir uns zunächst mit einigen Grundbegriffen der Lerntheorie befassen. Motivationskräfte werden hier als *Triebreize* bezeichnet. Das

Hauptkennzeichen eines Triebreizes ist, daß er den Organismus veranlaßt, eine Methode zur Reduktion des Grads oder der Intensität des Reizes zu suchen. Die *primären* triebbedingten Reize sind dem Organismus angeboren, wie zum Beispiel Hunger, Durst und Geschlechtstrieb – die Komponenten von Freuds Es. Sie sind zahlenmäßig begrenzt. Die wichtigeren und einflußreicheren Triebreize sind *sekundär*, d. h. der Organismus eignet sie sich im Laufe seiner Existenz durch den Lernprozeß an. Die Zahl der möglichen Sekundärreize ist buchstäblich unbegrenzt. Sie werden durch Belohnung und Strafe im weitesten Sinn erworben. Eine Belohnung oder Bestrafung, die eine bestimmte Verhaltensweise beeinflußt oder zustande bringt, nennt man *Reinforcement (Verstärkung).*

Nach Dollard und Miller ist die Angst ein mächtiger sekundärer Triebreiz.[7] Die beiden Autoren versuchen mit ihrer Theorie zu erklären, wie Angst erlernt wird und auf welche Weise sie mit Objekten und Ereignissen assoziiert wird.

Sie gehen dabei von der stillschweigenden Voraussetzung aus, daß ein primärer Triebreiz existiert, um körperliche Schmerzen zu vermeiden. Tatsächlich ist kaum daran zu zweifeln, daß die Vermeidung von Schmerz eine angeborene Motivation ist, denn ohne sie würde ein Organismus vermutlich schon gleich zu Anfang seines Lebens zugrunde gehen. Um zu überleben muß er lernen, alles, was Schmerz verursacht, zu fürchten. Der Schmerz ist demnach der Verstärker des sekundären Triebreizes der Angst oder Furcht.

Man kann nachweisen, daß die Stärke eines solchen Triebreizes in erster Linie von der Anzahl der Verstärkungen – d. h. von der Zahl der Gegebenheiten, bei denen das gefürchtete Objekt oder die gefürchtete Bedingung von Schmerz begleitet ist – sowie von der Intensität der Verstärkung abhängt. Je größer die Zahl der diesbezüglichen Erfahrungen und je intensiver der Schmerz ist, um so größer wird die Furcht. Vom Schmerz als Verstärker kann man prinzipiell ebenso beim heißen Ofen wie bei der strafenden väterlichen Hand sprechen.

Die Angst wäre sicher kein so weitverbreitetes Phänomen, wenn der Organismus lernen könnte, nur den isolierten Reiz, der den Schmerz in einem bestimmten Augenblick verursacht, zu fürchten. Die Angstreaktion wird jedoch in zweierlei Weise ausgedehnt und *generalisiert*. Der Organismus kann lernen, nicht nur den Reiz selbst, sondern auch Dinge zu fürchten, die mit dem Reiz und den Umständen, unter denen er erlebt wurde, assoziiert sind. Diese assoziierten Phänomene bezeichnet man als *cues* (Hinweisreize).

Wenn zum Beispiel die Ohrfeige, die der kleine John von seinem Vater bekommt, jedesmal von lautem Schimpfen begleitet oder eingeleitet wird, so kann dieses Schimpfen zum Signal werden, das John genau so wie die Ohrfeige fürchtet. In welchem Ausmaß der Affekt auf die Signale verallgemeinert wird, hängt von seiner Stärke ab. Ist Johns Angst vor der väterlichen Strafe groß genug, kann es schließlich dahin kommen, daß er sich vor jeder lauten Stimme fürchtet, selbst wenn sie sich nicht gegen ihn richtet.

Eine weitere Art, wie sich die Angst ausweiten kann, ist die *Reizgeneralisation.* Der Organismus lernt Objekte und Bedingungen fürchten, die äußerlich dem ursprünglich furchteinflößenden Reiz ähnlich sind.

Der kleine John ist von einem Foxterrier namens Rover gebissen worden und fürchtet sich jetzt vor diesem Rover. Möglicherweise wird er sich dann auch vor allen anderen Foxterriern oder allen Hunden oder sogar vor allen Katzen oder anderen Vierbeinern fürchten.

Der *Generalisationsgradient* hängt von zwei Faktoren ab: von dem Ähnlichkeitsgrad des betreffenden Objekts oder der Situation mit dem ursprünglich furchterregenden Reiz und von der Stärke des Angsttriebs. Die Furcht vor dem ursprünglichen Reiz ist stets am größten. Sie nimmt in dem Maß ab, wie die ihm ähnlichen Objekte weniger ähnlich werden.

Johns Furcht vor anderen Foxterriern als Rover wird größer sein als seine Furcht vor anderen Hunderassen, und diese wird ihrerseits größer sein als seine Furcht vor anderen Vierbeinern, die keine Hunde sind.

Die Reizähnlichkeit kann sich auch in anderen Dimensionen als den rein physischen auswirken. Jede Dimension kann bedeutungsvoll sein, wenn der Organismus nur die Ähnlichkeit wahrnimmt und wenn sie nur mit der Angst assoziiert ist. Selbst eine verbale Beschreibung von Objekten, die ihrer Struktur nach völlig anders sind, kann zu Verallgemeinerungen führen.

Wenn John sich vor dem Ofen, an dem er sich verbrannt hat, fürchtet, besteht die Möglichkeit, daß er sich auch vor einem brennenden Streichholz fürchtet, weil sowohl der Ofen als auch das Streichholz als »heiß« bezeichnet werden. Ganz offensichtlich vergrößert die Sprache das Potential der Reizverallgemeinerung außerordentlich.

Diese Verallgemeinerung kommt auch bei Signalen vor, die durch Assoziation zu Angstreizen geworden sind.

Wenn John von einem Rüpel in der Schule verhauen worden ist und als Folge davon Angst vor seiner Schule (dem Hinweisreiz) entwickelt hat, so kann diese Angst auch auf eine andere Schule oder auf Schulen ganz allgemein ausgedehnt werden, und Johns Weigerung, in die Schule zu gehen, wird sich auch bei einem Schulwechsel kaum ändern.

Wenn die Furcht nur gering ist, kann die Verallgemeinerung unterbleiben. Doch ist ein gewisser Grad von Verallgemeinerung häufig. Ist die Furcht stark, so ist auch die Verallgemeinerung größer, selbst wenn der Reiz relativ unähnlich ist.
Prinzipiell hat die Verallgemeinerung der Angst keine nachteiligen Wirkungen auf den Organismus. Im Gegenteil kann man ihre Konsequenzen als anpassungsfördernd ansehen. Furchterregende Signale ermöglichen es dem Organismus, gefährlichen Situationen aus dem Weg zu gehen. Reizverallgemeinerung ist beim Verstehen abstrakter Begriffe mit im Spiel. Zu wissen, daß es eine *Klasse* von Objekten gibt, die man als »heiß« oder »scharf« bezeichnet und denen man aus dem Weg gehen oder mit Vorsicht begegnen sollte, ist für das Kind gewiß nützlich. Landläufig nennt man das Lernen durch Verallgemeinerung »durch Erfahrung klug werden«.
Ob eine Angst für die Anpassung nützlich ist oder ob sie schädliche Wirkungen hat, hängt von ihrer Intensität ab. Eine starke Furcht beeinträchtigt die Fähigkeit des Organismus, zwischen Reizen und Signalen zu unterscheiden, und führt hierdurch zu übertriebenen und unrealistischen Verallgemeinerungen.

Wenn der kleine John gelegentlich wegen einer besonderen Ungezogenheit von seinem Vater einen Klaps bekommt, wird sich seine Angst auf den Klaps und (wie seine Eltern hoffen) auf die Ungezogenheit beschränken, der er ihn zu verdanken hatte. Wird John jedoch häufig hart und unvernünftig geschlagen, so wird er nicht nur vor den Prügeln, sondern auch vor seinem Vater und vielleicht auch vor anderen Autoritätspersonen Angst bekommen. Noch schlimmer ist, daß John später wohl erkennen mag, warum er seinen Vater nicht leiden kann, daß er wahrscheinlich aber den Grund für seine Reaktion anderen Respektspersonen gegenüber nicht erkennt. Ähnlich war Johns Angst vor dem Rüpel in der Schule so groß, daß er unter den Angstsignalen nicht mehr unterscheiden konnte. Schulen, in welchen der furchterregende Reiz nicht vorhanden war, waren von der einen Schule, in dem er ihm begegnet war, nicht mehr zu unterscheiden.

Eine andere Entstehungsart der Angst ist der *Konflikt.* Konflikte entstehen, wenn der Organismus gleichzeitig von zwei starken, widerstrebenden Antrieben aktiviert wird. Diese Antriebe können primär, erlernt oder auch beides sein, vorausgesetzt, daß sie im Augenblick, in dem sie ihren Einfluß auf den Organismus ausüben, von gleicher oder annähernd gleicher Stärke sind. Die Angst spielt nicht nur in bestimmten Situationen, in denen sie selbst einer der beiden widerstreitenden Antriebe ist, eine Rolle, sie ist an Konfliktsituationen schlechthin stark beteiligt. Einmal besitzen zahlreiche komplexe, erlernte Triebkräfte wie Schuldgefühl, Scham und Anpassungsstreben einen Angstaspekt. Zweitens entstehen Konflikte mit ernsten Konsequenzen für den Organismus selten, ohne daß Angst dabei mit im Spiel ist. Schließlich spielt die Angst auch bei der Lösung des Konflikts eine entscheidende Rolle.

Nach Dollard und Miller entsteht der Konflikt aus den beiden Tendenzen der Appetenz und Aversion. Appetenz ist die Tendenz, etwas zu tun, etwas zu suchen, auf etwas zuzugehen, kurz: etwas zu unternehmen. Aversion ist die entgegengesetzte Tendenz, auf etwas nicht zuzugehen, etwas nicht zu tun, ganz allgemein: nichts zu unternehmen.

Wird der Organismus gleichzeitig dazu aktiviert, zwei wünschenswerte, aber unvereinbare Ziele zu verfolgen, so bezeichnet man das als einen *Appetenz-Appetenz*-Konflikt. Derartige Konflikte rufen gewöhnlich keine Angst hervor und haben für den Organismus selten schädliche Folgen. An angsterregenden Konflikten ist stets die Aversion beteiligt. *Appetenz-Aversions*-Konflikte entstehen, wenn der Organismus gleichzeitig ein bestimmtes Ziel erreichen und ihm aus dem Weg gehen will. Hierher gehören beispielsweise die Sexualangst und die Wut-Angst-Konflikte und viele andere Konflikte, an welchen widerstreitende, komplexe erlernte Triebkräfte wie »Ehrlichkeit« und »Takt« beteiligt sind.

Eine dritte Art des Konflikts ist der *Aversions-Aversions*-Konflikt. Er kommt in Situationen vor, in welchen der Organismus zwischen zwei unerwünschten Zielen oder Verhaltensweisen zu wählen hat. Die Konfliktsituation entspricht der des Filmhelden, der merkt, daß er einen gefährlichen Sprung über einen Abgrund wagen muß oder den Feinden in die Hände fallen wird.

Der wahrscheinlich häufigste menschliche Konflikt ist der *doppelte Appetenz-Aversions-Konflikt.* In dieser Situation hat jede der zuwiderlaufenden Alternativen sowohl wünschenswerte wie unerwünschte Aspekte. Solche Konflikte kommen im Leben bei Entscheidungen wie der Gattenwahl, einem Hauskauf, beim Eintritt in eine Berufskarriere, bei der Einstellung eines Angestellten, bei der Stellungssuche und dergleichen vor. Der Kliniker bezeichnet diesen doppelten Appetenz-Aversions-Gefühls-Konflikt als *Ambivalenz.*

Emotionale Konflikte sind, wie Dollard und Miller darlegen, nichts Seltenes im menschlichen Leben. Sie stellen vielmehr »den ständigen Lebensbegleiter in jedem Alter und auf jedem sozialen Niveau« dar. Die Ursache der psychopathologischen Angst scheint ein heftiger Konflikt in früher Jugend zu sein, wenn auch die näheren Umstände, unter denen diese Wirkung eintritt, noch nicht zur Zufriedenheit des Experimentalpsychologen geklärt sind. Vor allem auf dem Gebiet der »Wissenschaft von der Kinderaufzucht«, wie

Dollard und Miller sich ausdrücken, ist unser Wissen noch sehr lückenhaft. Wir wissen noch sehr wenig darüber, wie höchst komplexe, erlernte Triebreize erworben werden und welche Faktoren es dem einen Menschen ermöglichen, einen Konflikt leicht und adäquat zu lösen, während ein anderer in einen qualvollen emotionalen Zustand gerät. Da dem Experimentalpsychologen diese wichtigen Daten nicht zur Verfügung stehen, sieht er sich außerstande, seine Theorie über die Beziehung zwischen Konflikt und Angst beizusteuern.

IV. Abwehrmaßnahmen gegen die Angst

Im menschlichen Körper finden zahlreiche innere Prozesse statt, die ständig reguliert werden müssen, um Gesundheit und Leben zu erhalten. Körpertemperatur, Blutdruck, Puls, der Spiegel und das Gleichgewicht vieler Chemikalien in Blut und Gewebe müssen auf optimalem Stand gehalten werden. Gerät dieser Regulationsprozeß in Unordnung, so wird der Mensch krank. Der Wasserstoffspiegel im Blut ist zum Beispiel so empfindlich, daß jede geringe Schwankung über enge Grenzen hinaus bereits zum Tod führt. Die Aufrechterhaltung des physiologischen Gleichgewichts regelt sich automatisch, ohne daß der Mensch es bewußt wahrnimmt oder mitwirkt. Der Physiologe bezeichnet sie als *homeostasis.* Das Prinzip der Homöostase findet sich auch auf psychologischem Gebiet. Jemand, der von Angst überwältigt wird, leidet an einem gestörten psychologischen Gleichgewicht, und sein Verhalten kann hierdurch ganz oder teilweise ungünstig beeinflußt werden. Sein Funktionsmechanismus wird empfindlich gestört und in Extremfällen sogar völlig lahmgelegt.

Die Verhütung dieser verhängnisvollen Wirkungen – die Aufrechterhaltung des emotionellen Gleichgewichts – ist eine Funktion der psychologischen Homöostase. Sie beruht auf der Fähigkeit der menschlichen »Psyche«, des »seelischen Apparats«, wie Freud sich ausdrückt, *das Gefühl der Angst nicht ins Bewußtsein gelangen zu lassen* oder die Wahrnehmung von Gedanken und Impulsen, die Angst erregen würden, zu unterbinden. Der »seelische Apparat«

hält die Homöostase durch verschiedene Prozesse aufrecht, die Freud als *Abwehrmaßnahmen gegen die Angst* oder als *Abwehrmechanismen* bezeichnet.

Abwehrmechanismen

Psychiater und Psychologen sind sich einig, daß Abwehrmechanismen existieren, doch bestehen im einzelnen beträchtliche Meinungsverschiedenheiten über Art und Weise; man könnte sogar von einem Durcheinander reden. Das Problem liegt darin, daß Abwehrmechanismen Konstrukte sind. Man schließt auf ihre Existenz aus Beobachtungen über bestimmte Verhaltensweisen und Wesenszüge. Je nach dem individuellen Standpunkt kann ein bestimmtes Verhalten als Folge verschiedener Abwehrmechanismen angesehen werden, oder verschiedene Verhaltensweisen können je nach Orientierung und Herkunft des Theoretikers unter dem gleichen Konstrukt subsumiert werden.

Die Zahl der Abwehrmechanismen schwankt beträchtlich. Freud hat ursprünglich neun vorgeschlagen, doch haben seine Schüler und andere Psychiater und Psychologen diese Liste erweitert, so daß sich in der Literatur gegenwärtig etwa zwei Dutzend finden dürften. Einige davon überschneiden sich oder sind sogar trotz verschiedener Etikettierung des Konstrukts identisch. Einige können sich bis zu einem gewissen Grad auf Experimente stützen, während andere diesen respektablen Rückhalt nicht aufzuweisen haben, ja sogar prinzipiell für eine wissenschaftliche Auswertung ungeeignet sind.

Die orthodoxen Freudianer betrachten die meisten Abwehrmechanismen gegen die Angst als irrational, weil sie die Wirklichkeit entstellen oder leugnen und dadurch verhindern, daß der Betreffende zu emotionaler Reife gelangt. Die meisten Psychotherapeuten sehen in den Abwehrmechanismen gegen die Angst notwendige, der Anpassung dienende Funktionen, die uns allen gemeinsam sind. Es ist zweifelhaft, ob sich jemand ohne sie zu einem produktiven, sozial angepaßten Erwachsenen entwickeln könnte.

Die Abwehrmechanismen gegen die Angst funktionieren ähnlich wie die physiologischen Abwehrmaßnahmen des Körpers gegen Krankheiten. Funktionieren sie normal, so wird die Homöostase mühelos und, ohne daß der Betreffende es wahrnimmt, aufrechterhalten. Die Mobilisierung physiologischer homöostatischer Mechanismen zur Bekämpfung eines bedrohlichen Zustands hat klinische Symptome zur Folge. Wenn eine schwere Angst in unser

Bewußtsein einzubrechen droht, so drückt sich die Versteifung des Abwehrmechanismus und sein intensiveres Einwirken auf das Verhalten des Betreffenden analog in psychopathologischen Symptomen wie übermäßiger Reizbarkeit, Menschenscheu, Depression oder somatischen Beschwerden aus.
Eine umfassende Aufzählung aller Abwehrmechanismen, die jemals vorgeschlagen worden sind, wäre kaum mehr als eine semantische Übung. Da es jedoch schwierig ist, den Begriff der Abwehr ohne eine Beschreibung einzelner Abwehrmechanismen zu verstehen, seien im folgenden einige dieser Konstrukte kurz skizziert, und zwar vorzugsweise solche, zu denen experimentelle Untersuchungen vorliegen.

Vermeidung

Eine der einfachsten und verbreitetsten Abwehrmethoden der Angst besteht darin, die angsterregenden Reize und Umstände zu *meiden.*

Jemand, der Angst vor Flugzeugen hat, fährt mit dem Zug. Jemand, den Horrorfilme beunruhigen, sieht sie sich nicht an. Jemand, der Angst hat, die Selbstbeherrschung zu verlieren, meidet Cocktailparties oder lehnt scharfe Getränke ab.

Jemand kann etwas bewußt und entschieden vermeiden, wenn er sich darüber klar ist, daß die angsterregenden Eigenschaften eines bestimmten Reizes oder einer Situation bei ihm Angst auslösen würden. Dies dürfte dann der Fall sein, wenn die Angst selbst sozial annehmbar ist, wie zum Beispiel bei einer Flugzeugphobie. Die Vermeidung kann aber auch unbewußt erfolgen. Dann merkt der Betreffende zwar, daß er etwas aus dem Weg geht, macht sich aber die Ursache nicht klar. Dies kommt besonders dann vor, wenn der wahre Beweggrund sozial unannehmbar ist.

Wer Cocktailparties scheut, ist sich vermutlich nicht klar darüber, daß er Angst hat, der enthemmende Einfluß des Alkohols könnte ihn streitsüchtig machen oder zu Ausschweifungen veranlassen.

Die soziale Anpassung wird nicht ernsthaft beeinträchtigt, wenn jemand Flugzeuge oder bestimmte Filme oder Alkohol meidet. Die Angst kann jedoch so intensiv werden, daß die Vermeidung als Abwehrstrategie zu schweren Anpassungsstörungen führt, wie wenn jemand zum Beispiel buchstäblich Angst hat, aus dem Haus zu gehen und daher Straßen, den Marktplatz, fremde Menschen und jede Beschäftigung meiden muß, die ihn zwingen würden, seine Wohnung zu verlassen. Ein solcher Mensch ist schwer gemütskrank. Hier wird der Unterschied besonders deutlich, der zwischen einem Abwehrmechanismus als einem normalen, allgemein verbreiteten Phänomen und seiner psychopathologischen Form besteht, die ein schwer behinderndes Symptom darstellt.

Verleugnung

Das Vermeiden als Abwehrmaßnahme funktioniert nur auf einem ziemlich begrenzten Sektor. Taucht der angsterregende Reiz im Innern auf – wie etwa ein Gedanke, ein Glaube oder ein Gefühl –, oder sind die äußeren Umstände unentrinnbar, so ist ein Vermeiden nicht möglich. In einem solchen Fall kann man seine Zuflucht zum *Verleugnen* nehmen, zu einem Ableugnen der Realität eines Gedankens, eines Gefühls oder einer Situation, was sich dann im Verhalten des Betreffenden spiegelt. Die Verleugnung ist oft ein unbewußter oder wenigstens weitgehend unbewußter Vorgang. Meist merkt der Betreffende nicht, daß er etwas verleugnet, wenn er es auch gelegentlich irgendwie spürt. Jedenfalls ist das Verleugnen von der bewußten Fälschung immer noch zu unterscheiden.

Um das Verleugnen zu verstehen, wollen wir einräumen, daß die Welt voller Gefahren ist. Jeder von uns hat die Möglichkeit vor Augen, von einer schweren oder gar tödlichen Krankheit befallen und von Naturkatastrophen wie Überschwemmungen, Wirbelstürmen und Blitzschlägen, und von Autounfällen, Feuerbränden, Eisenbahnunglücken, Dieben, Mördern und Krieg heimgesucht zu werden. Das Unglück kann nicht nur uns selbst, sondern auch unsere Lieben treffen. An sich ist die Wahrscheinlichkeit, in einem bestimmten Lebensabschnitt von einer Katastrophe heimgesucht zu werden, ziemlich gering. Wenn man sich jedoch ständig alle Katastrophen, die unter Umständen eintreten könnten, vor Augen hielte, so befände man sich wahrscheinlich in einem Dauerzustand von Angst.

Das Verleugnen ist ein allgemein verbreiteter Mechanismus, der dazu dient, mit solchen Ängsten fertig zu werden. Wir tun so, als ob die Gefahren in unserer Umgebung nicht existierten. Andere mögen ihnen zum Opfer fallen, aber »mir kann so etwas nicht passieren«. Dabei handelt es sich gewöhnlich nicht um eine bewußte Prozedur. Man sammelt kein statistisches Material und errechnet daraus, daß die Wahrscheinlichkeit, daß einem etwas Bestimmtes zustößt, nur 1:40 000 beträgt. Im stillen räumt man die Gefahr zwar ein, indem man eine Lebensversicherung abschließt oder in seinem Wagen Sicherheitsgurte anbringt. Man empfindet aber die Angst nicht als unangenehmes Gefühl, wenn man auch nicht sagen könnte, wieso nicht.

Verleugnen und Vermeiden funktionieren gelegentlich als gemeinsame Abwehrmaßnahmen.

So leugnet zum Beispiel jemand die Möglichkeit ab, daß er körperlich krank werden könnte, und behauptet trotz seiner Altersbeschwerden, so gesund wie nur je zuvor zu sein. Er vermeidet es, sich einer alljährlichen Generaluntersuchung zu unterziehen, weil diese seine Verleugnungsstrategie ins Wanken bringen könnte.

Während ein Leugnen von Gefahren in seiner allgemeinen Form durchaus normal ist, gehört ein Leugnen, das den Betreffenden dazu veranlaßt, die nötigen Vorsichtsmaßnahmen zu unterlassen, schon fast ins Gebiet des Pathologischen.

Dem Arzt aus dem Weg zu gehen, weil man die Möglichkeit einer körperlichen Erkrankung leugnet, oder keine Sicherheitsgurte anzubringen, weil man jede Möglichkeit eines Unfalls abstreitet, zeugt von einer ungesunden Einstellung.

Eine drohende Gefahr bagatellisieren und sie kategorisch leugnen ist zweierlei.

Verdrängung

Jemand, der von akuter Angst befallen ist, wird häufig von wohlmeinenden Freunden oder Verwandten oder selbst von seinem Hausarzt aufgefordert, »nicht weiter darüber nachzudenken«, da ja alles »nur Einbildung« sei. Der Schluß, der Zustand sei unbedenklich, da er mehr psychologischer als körperlicher Natur sei, ist ungerechtfertigt, und der gute Rat klingt zwar vernünftig, ist aber nutzlos. Es ist kaum möglich, mit einer bewußten Anstrengung starken Angstgefühlen zu entrinnen.

Wie wir bereits sahen, spielen sich die Abwehrmaßnahmen gegen die Angst meist nicht auf bewußter Ebene ab. Freud hat beobachtet, daß die Menschen sich zwar zweifellos des »Vergiß-es-Mechanismus« bedienen, daß sie dies jedoch völlig unbewußt tun. Ein Ereignis, ein Gefühl oder eine Erinnerung, die Angst hervorrufen würden, oder auch das Angstgefühl selbst werden *aktiv* vergessen. Diesen Prozeß bezeichnete Freud als *Verdrängung*. Verdrängung als theoretischer Begriff unterscheidet sich deutlich vom normalen Vergessen und sogar von dem selektiven Gedächtnis. Niemand ist in der Lage, sich an jeden Reiz oder an jede Situation, die er erlebt hat, zu erinnern, und das, woran man sich erinnert, nimmt im Laufe der Zeit ab. Sehr wahrscheinlich erinnern sich die meisten von uns besser an angenehme Erlebnisse als an unangenehme. Bei diesem Vergessen handelt es sich keinesfalls um eine Verdrängung im Sinne Freuds. Nach seiner Theorie wird dabei die Erinnerung in kürzester Zeit, vielleicht sogar fast im gleichen Augenblick ins Unbewußte abgedrängt, selbst wenn keine anderen Ereignisse das Gedächtnis des Betreffenden beschäftigen. Es handelt sich dabei um einen dynamischen Prozeß. Die wirksame Kraft ist das dringende Bedürfnis, das Bewußtsein der Angst abzuwehren. Dies scheint besonders auf Kindheitserlebnisse zuzutreffen, die, wie der Angriff eines Tieres oder das Eingesperrtwerden an einem dunkeln Ort, heftige Angst hervorrufen.

Man nimmt an, daß verdrängtes Material, auch wenn es unter die Ebene des Bewußtseins gesunken ist, weiter wirksam bleibt. Es sucht dauernd, sich irgendwie in indirekter Form zu äußern. Es kann in gewissen Situationen oder beim Vorhandensein bestimmter Reize Spannungen hervorrufen, auch wenn der Betreffende sich keiner Angst bewußt ist. Es kann bestimmte Vorlieben, Entscheidungen oder typische Haltungen und Meinungen erzeugen. Es kann die Anwendung anderer Abwehrmechanismen notwendig machen, um sich behaupten zu können und um zu verhindern, daß die Angst ins Bewußtsein dringt.

Die meisten Laboratoriumsuntersuchungen über die Verdrängung können nicht überzeugen, da sich die Versuchsverfahren nicht streng an die theoretische Struktur des Konstrukts halten. Daher bleibt die Bedeutung der Resultate zweifelhaft. Es gibt jedoch ein bestimmtes, künstlich herbeigeführtes Phänomen, dessen Vorkommen bis zu einem gewissen Grad für die Validität des Begriffs der Verdrängung spricht, und zwar handelt es sich um die *posthypnotische Amnesie.*

Es gibt eine kleine Zahl von Versuchspersonen, die das in der Hypnose Erlebte spontan vergessen, und eine beträchtlich größere Zahl, die vom Hypnotiseur dazu gebracht werden können, es mehr oder weniger zu vergessen. Die hypnotisch hervorgerufene Amnesie hat Ähnlichkeit mit der Verdrängung, weil sie innerhalb kürzester Zeit aktiv erzeugt wird und offenbar nicht dadurch entsteht, daß andere Erinnerungen ihr im Gedächtnis des Betreffenden den Platz streitig machen.

Levitt und seine Mitarbeiter haben, wie ihre 1961 veröffentlichte Arbeit zeigt, auf einfache Weise an der hypnotisch erzeugten Amnesie demonstriert, wie eine Verdrängung vor sich geht.

Normale Versuchspersonen wurden durch Hypnose dazu gebracht, eine Periode schwerer Angst zu vergessen, die sie in der Hypnose erlebt hatten. Die gleichen Personen wurden später aufgefordert, an einem zweiten Versuch teilzunehmen, der – wie man ihnen sagte – dem ersten ähnlich sein werde, an den sie sich nicht erinnern konnten. Fast alle Versuchspersonen

waren zu dem zweiten Versuch bereit, zu dessen Beginn verschiedene Messungen der Angst, zum Beispiel über den Hydrokortisonspiegel im Blutplasma vorgenommen wurden, welcher mit der Angst in Zusammenhang steht.
Sämtliche Angstmessungen ergaben beim zweiten Versuch ein höheres Angstniveau als beim ersten. Noch bedeutsamer war, daß das unmittelbar vor dem zweiten Versuch gemessene Niveau stets höher lag als das vor dem ersten Versuch festgestellte. Tatsächlich war der Hydrokortisonspiegel, welcher *zu Beginn* des zweiten Experiments gemessen wurde, durchschnittlich höher als der *während der Angst* im ersten Experiment gemessene! Wenn sich die Versuchspersonen tatsächlich nicht an das erste Experiment erinnerten (und es besteht kein Grund, dies zu bezweifeln), so fragt es sich, wie sich die größere Angst zu Beginn des zweiten Versuchs erklären läßt. Die Erklärung liegt nahe, daß die Versuchspersonen sich im Unterbewußtsein noch an die schmerzhafte Erfahrung aus dem ersten Versuch erinnerten. Diese unbewußte Erinnerung rief bei ihnen eine Spannung hervor, als sie sich auf eine ähnliche Situation gefaßt machen mußten. Dies ist eindeutig mit einer der hypothetischen, indirekten Wirkungen der Verdrängung zu vergleichen.

Wegen ihrer weitreichenden Konsequenzen und ihres Zusammenhangs mit anderen Abwehrmechanismen wird die Verdrängung von den orthodoxen Analytikern als die wichtigste Abwehrstrategie angesehen. Man nimmt an, daß sich ein jeder bis zu einem gewissen Grad der Verdrängung bedient und daß sie für die ersten Lebensjahre besonders charakteristisch ist, obwohl sie von manchen Erwachsenen auch späterhin noch weitgehend praktiziert wird. Während der Kindheit wird sie im allgemeinen als normal angesehen. Wird sie dagegen in späteren Jahren noch häufig geübt, so bringt man sie mit verschiedenen Formen der Psychopathologie in Verbindung. Man nimmt an, daß sie der freischwebenden Angst zugrunde liegt und die Ursache psychosomatischer motorischer und sensorischer Defekte ist.

Projektion

Um eine angemessene emotionale Anpassung aufrechterhalten zu können, muß der Mensch wenigstens einigermaßen mit sich selbst zufrieden sein – mit seinem Äußeren, seinen Eigenarten, seinen Charakterzügen, seinen Fähigkeiten und so weiter. Unsere tatsächliche Selbsteinschätzung stimmt dabei nur selten mit dem Idealbild überein, das wir uns von uns selbst machen möchten. Wahrscheinlich gibt es niemand, der nicht stärker, schöner oder klüger sein möchte und der nicht gern Dinge täte, die über seine tatsächlichen Fähigkeiten hinausgehen. Ist der Unterschied zwischen der Selbst-

einschätzung und dem Idealbild nicht allzu groß, kann man damit fertig werden, ja es kann sogar zu einer wünschenswerten Selbstkorrektur führen. Ist die Diskrepanz jedoch zu groß, so wird sie für den Betreffenden bedrohlich und kann zu chronischer Unzufriedenheit, zu einer ungesunden Persönlichkeitsentwicklung und sogar zu psychopathologischen Symptomen führen.
Um der durch eine bedrohliche Selbsteinschätzung verursachten Angst zu entgehen, kann sich der Betreffende eines Abwehrmechanismus bedienen, den Freud als *Projektion* bezeichnet hat. Unter Projektion versteht man die Übertragung von charakteristischen Zügen des eigenen Selbst, einschließlich Gedanken, Gefühlen, Meinungen und Charaktereigenschaften, auf andere Personen.

Nach Freuds ursprünglicher Auffassung wird der Betreffende zunächst durch die Wahrnehmung eigener unerwünschter Impulse beunruhigt. Um die Angst abzuwehren, projiziert er seine Gefühle nach außen, so als ob er unbewußt dächte: »Ich habe kein Verlangen nach sexuellen Ausschweifungen, aber die Welt ist voller Lüstlinge, und überall stößt man auf unmoralisches Verhalten.« Oder: »Ich bin kein streitsüchtiger Mensch, aber die Welt ist ein Dschungel, wo jeder schon die Hand hebt, um zuzuschlagen.« So wird die Ursache der Angst von dem, der sie bei sich selbst wahrnimmt, auf seine Umgebung übertragen.

Freuds spezifisches Interesse für die Sexualität und Aggression und die Tatsache, daß er seine Theorien in erster Linie aus seinen Beobachtungen psychiatrischer Patienten ableitete, führten ihn zu dieser eng begrenzten Auffassung der Projektion. Die Übertragung der eigenen unerwünschten Impulse auf andere scheint vor allem für emotional gestörte Personen charakteristisch zu sein. Campell und seine Mitarbeiter haben 1964 nachgewiesen, daß die Projektion bei normalen Personen so funktioniert, daß gegensätzliche Wesenszüge auf andere übertragen werden. In dem so geschaffenen verzerrten Milieu kann dann der einzelne seine eigenen unerwünschten Eigenschaften als vernünftig und nicht übertrieben ansehen.

So sieht zum Beispiel der übertrieben Argwöhnische die andern als leichtgläubig an; ein Geiziger betrachtet seine Umgebung als verschwenderisch. Auf diese Weise ist man in der Lage, ein günstiges Bild von sich selbst aufrechtzuerhalten.

Es ist nicht weiter erstaunlich, daß Menschen mit einer Neigung zur Projektion nicht merken, daß sie selbst unerwünschte Charakterzüge besitzen (Sears, 1936). Die Projektion zielt geradezu darauf ab, eine derartige Einsicht zu verhindern. Während wir wissen, daß mangelnde Selbsterkenntnis und die Übertragung unerwünschter Eigenschaften auf andere korrelieren, besteht über die Richtung dieser Beziehung keine Klarheit. Der Schluß liegt nahe, daß eine Projektion die Selbsterkenntnis blockiert, aber es ist nicht weniger logisch, daß die Projektion nur von Menschen, denen es an Selbsterkenntnis fehlt, als Abwehrstrategie angewandt werden kann. Die Projektion ist anderen Abwehrmechanismen insofern ähnlich, als Intensität und Funktionsbereich ihre normale Anwendung vom psychopathologischen Symptom unterscheiden.

Ein an die Wirklichkeit gut angepaßtes junges Mädchen kann seinen Liebhaber im Verdacht haben, daß seine Motive vorwiegend sexueller Natur sind. Aber nur eine Frau mit einer Psychose, die ihre eigenen sexuellen Impulse nicht annehmen kann, glaubt, daß alle Männer sich lediglich aus sexuellen Gründen für sie interessieren oder daß die Welt von Lüstlingen wimmelt oder daß sie die Männer massenweise auf der Straße verfolgen, um sie zu vergewaltigen. Es wäre unrealistisch leugnen zu wollen, daß es in unserer Gesellschaft viele bösartige und skrupellose Menschen gibt, aber es riecht stark nach Psychose, wenn jemand behauptet, seine Feinde hätten sich zusammengetan, um ihn umzubringen.

Regression und Fixierung

Auf dem Weg des Menschen vom Kleinkindalter durch die Kinder- und Jugendzeit bis zur Reife wachsen seine persönliche Selbständigkeit, sein Einfluß und sein Aktivitätsbereich. Aber neben diesen wünschenswerten Begleiterscheinungen wächst auch die Verantwortung besonders für die Folgen des eignen Verhaltens und die Notwendigkeit, die eignen Emotionen und Impulse zu beherrschen. Diese Aspekte des Reifungsprozesses erzeugen leicht eine gewisse Angst, deren Grad von vielen persönlichen und entwicklungsbedingten Faktoren abhängt. Ohne Rücksicht auf die Wirklichkeit glauben die meisten von uns, daß wir in früheren Perioden unseres Lebens weniger Belastungen ausgesetzt waren als im gegenwärtigen Entwicklungsstadium.

Vorausgesetzt daß die körperliche und seelische Entwicklung einen normalen Verlauf genommen hat, überwiegen im allgemeinen die wünschenswerten Begleiterscheinungen der Reifung gegenüber den angsterzeugenden. In Zeiten akuter Belastung kommt es jedoch vor, daß jemand unbewußt in eine frühere Entwicklungsperiode zurückstrebt, um auf diese Weise der gegenwärtigen Angst zu entgehen. Er zeigt dann unter Umständen eine für eine frühere Periode charakteristische Verhaltensweise, die meist durch weniger Verantwortung und eine größere Abhängigkeit gekennzeichnet ist. Diese Abwehrmaßnahme bezeichnet man als *Regression*. Regression ist für die ersten Lebensjahre besonders typisch und tritt dann in ihren dramatischsten und am leichtesten zu erkennenden Formen auf. Ihr Prototyp ist der bereits zur Sauberkeit erzogene Vorschüler, dessen Sicherheitsgefühl durch die Ankunft eines Geschwisterchens stark bedroht wird.

Die Folge kann sein, daß er plötzlich wieder in ein früheres Stadium zurückfällt, in dem er Darm und Blase noch nicht unter Kontrolle hatte. Es ist fast, als ob er versuchte, die unkritische elterliche Pflege aus jener Zeit zurückzuerobern, als man von ihm noch keine Beherrschung der elementaren Funktionen verlangte. Er scheint geradezu darum zu flehen, daß ihn die Eltern wieder als Säugling behandeln, damit er von seiner gegenwärtigen Angst befreit wird.

Jedes emotional abnorme Verhalten könnte man insofern als regressiv ansehen, als es bei Erwachsenen weniger annehmbar ist als bei Kindern. Aber eine solche Auffassung hat sich weder bei der Formulierung von Theorien über die Persönlichkeit oder die Persönlichkeitsentwicklung noch für die Ausarbeitung neuer Behandlungsmethoden als besonders fruchtbar erwiesen. Ein Grund dafür ist, daß oft nur schwer zwischen einer Regression und dem, was Freud als *Fixierung* bezeichnet hat, zu unterscheiden ist. Fixierung ist die Verkümmerung eines bestimmten Aspekts der Persönlichkeit, so daß der Betreffende die Angst, die eine Weiterentwicklung seiner Ansicht nach mit sich bringen könnte, vermeiden kann. Obwohl er dem Alter nach erwachsen ist, zeigt er unreife Wesenszüge und Verhaltensweisen. Es findet dabei keine Regression von einem bereits erreichten Entwicklungsstadium statt, sondern der Betreffende erreicht dieses Stadium ganz einfach nie.
Wahrscheinlich haben wir alle einige fixierte Charaktereigenschaften. Die Psychopathologie spricht von Fixierungen vor allem bei einer neurotisch gestörten Charakterentwicklung. Regressionen findet man bei schweren Erkrankungen wie der hebephrenischen Schizophrenie, die mit dem Verlust der Beherrschung von Darm und Blase oder der Unfähigkeit, selbständig zu essen und sich anzuziehen, verbunden sein kann. Der Psychiater sieht in der Regression meist ein Anzeichen für schwerere emotionale Störungen als in der Fixierung, doch hängt dies weitgehend davon ab, wie sich die Regression im Verhalten des Betreffenden äußert. Gewiß würde jemand den Hebephreniker in einem Atemzug mit jemand nennen, der unter seelischem Druck Fingernägel kaut.
Auch ist ein zeitlicher Gesichtspunkt zu berücksichtigen. Eine festgefahrene Regression kann ein Symptom sein, das ärztlicher Behandlung bedarf. Andererseits sind ephemere Regressionen, die unter Eindruck von besonderem Streß auftreten, noch kein Grund

zur Besorgnis. Es gibt sogar Psychiater, die auf dem Standpunkt stehen, daß die Fähigkeit, in einer besonderen Streßsituation seine Zuflucht zu Regressionen zu nehmen, etwas durchaus Gesundes und Wünschenswertes ist. Tyler hat zum Beispiel 1964 die Ansicht geäußert, die geistige Gesundheit hänge von der Fähigkeit ab, sich der Regression in die Abhängigkeit als eines vorübergehenden Anpassungsmechanismus zu bedienen, den man dann entsprechend der jeweils vorhandenen Belastung wieder aufgeben oder weiter beibehalten könne. Der Unterschied zwischen einer normalen und einer pathologischen Regression besteht nach Tyler in dem »Grad der Wiederherstellbarkeit der ursprünglichen Beziehung, wie sie bestand, bevor der Streß empfunden wurde«. Mit andern Worten, wir können, wenn wir von besonderer Angst befallen werden, zeitweilig eine Abhängigkeitsbeziehung zu einem anderen Menschen aufnehmen, die der Beziehung eines Kinds zu einem Erwachsenen ähnlich ist. Ist der Streß dann vorbei, so wird die ursprüngliche Beziehung, wie sie auch immer beschaffen war, leicht wiederhergestellt.

Somatisierung

Eine der ersten genialen Einsichten Freuds war die Beobachtung, daß Gefühlsreaktionen sich in körperlichen Symptomen widerspiegeln können. Natürlich hat man vorübergehende physiologische Begleiterscheinungen der Angst – wie Herzklopfen, schnelleres Atmen und so weiter – schon seit Jahrhunderten beobachtet. Freud hat jedoch gezeigt, daß anscheinend permanente körperliche Leiden, wie Blindheit und Gliederlähmungen, vorwiegend seelischen Ursprungs sein können. Er stellte die Theorie auf, daß schädliche Gemütsbewegungen wie die Angst in physiologische Symptome umgewandelt werden, um zu verhüten, daß sie ins Bewußtsein dringen.

Er machte die Beobachtung, daß diese physiologischen Begleiterscheinungen charakteristisch für Patienten waren, die an einer psychischen Erkrankung litten, welche man früher als *Angsthysterie* bezeichnete. Daher nannte er die Umwandlung der Angst in somatische Symptome eine *Konversionshysterie*. Der Abwehrcharakter eines solchen Symptoms ist manchmal höchst augenfällig.

Ein klassischer Fall ist die junge Frau puritanischer Herkunft mit starken sexuellen Impulsen, welche in ihr unbewußt die Furcht hervorriefen, zur Prostituierten zu werden. Sie erlitt eine psychogene Lähmung der Beine, was ihr offensichtlich als Abwehrmaßnahme gegen die Angst diente. Man kann nicht »auf die Straße gehen«, wenn man nicht gehen kann.

Wegen dieser Zweckgerichtetheit hat der Psychiater Dunbar 1947 die Konversion der Angst als »das geliebte Symptom« bezeichnet, an das sich der Patient verzweifelt klammert, wie quälend und entstellend es auch immer sein mag.
Man erkennt jetzt allgemein an, daß eine Gemütskrankheit häufig von leichteren somatischen Symptomen begleitet wird, und Freuds diagnostische Bezeichnung ist außer Gebrauch gekommen. Sie bleibt fast ausschließlich dem relativ seltenen Fall des dramatischen Verlusts einer motorischen oder sensorischen Funktion vorbehalten.
Der Zusammenhang zwischen emotionalen und körperlichen Symptomen ist an sich noch kein Beweis dafür, daß letztere der Abwehr der Angst dienen. Der Gedanke bietet sich jedoch an, da eine erfolgreiche Behandlung der emotionalen Beschwerden oft auch die somatischen behebt. Ein noch stärkerer Hinweis auf einen Kausalzusammenhang ist die relativ einfache Beeinflussung körperlicher Symptome durch die rein psychologische Behandlung in der Hypnose. Eine überraschende Feststellung ist dabei, daß ein körperliches Symptom, das durch die Hypnose beseitigt wurde, häufig schon kurz darauf durch ein anderes körperliches Symptom oder eine emotionale Störung ersetzt wird.

Monroe beschrieb 1960 einen Fall, bei dem eine Folge von Symptomsubstitutionen mit einer Lähmung begann, auf die nacheinander eine akute Klaustrophobie, eine Tachykardie (beschleunigter Herzschlag) und eine schwere Hautkrankheit folgten.

Die Konversionshysterie ist eine schwere Erkrankung. Wenn die Umwandlung der Angst in körperliche Symptome zu einer ernsten Beeinträchtigung der Funktionen oder zu akuten Schmerzen führt, müssen wir daraus schließen, daß der Betreffende schwer krank ist. Das »geliebte Symptom« kann aber auch die vorübergehende Abwehrmaßnahme eines seelisch gesunden Menschen sein. Es kommt durchaus nicht selten vor, daß jemand unter einer besonderen Belastung plötzlich leichtere Symptome, wie Kopfschmerzen, akute Müdigkeit oder einen Dauerschnupfen, entwickelt, was ihn von der drohenden Erkenntnis seiner Angst ablenkt und ihm gleichzeitig eine Entschuldigung liefert, sich der Streßsituation zu entziehen.

Reaktionsbildung

Zu Freuds ursprünglichen Abwehrmechanismen gehört auch die sogenannte *Reaktionsbildung*. Ein unannehmbarer Impuls wie Feindseligkeit wird unterdrückt, um eine Strafe oder eine Strafan-

drohung zu vermeiden. Ist ein Reiz vorhanden, der imstande ist, ein aggressives Verhalten auszulösen, so empfindet der Betreffende Angst, er könnte sich dem unannehmbaren Impuls entsprechend verhalten. Um dies zu vermeiden, wird er unbewußt dazu getrieben, eine völlig entgegengesetzte Haltung einzunehmen. Er empfindet Zuneigung, Liebe oder ein Anschlußbedürfnis, kurz annehmbare Gefühle anstelle der Feindseligkeit. Wenn man eine entgegengesetzte Haltung einnimmt, verringert man die Möglichkeit, daß man dem unannehmbaren Impuls nachgibt.
Die Reaktionsbildung gehört zu den Abwehrmechanismen, die experimentell nur schwer nachzuweisen sind. Die meisten Kliniker erkennen sie an und wissen bei ihren Patienten Musterbeispiele dafür anzugeben.

Ein klassisches Beispiel ist der paranoide Schizophrene, der, vielleicht aus religiösen Skrupeln heraus, behauptet, er liebe selbst die, welche ihm nach dem Leben trachteten oder die ihn aus reiner Bosheit mit der Eisenbahn in die Klinik gebracht hätten oder die sich sonst irgendwie zur Zielscheibe seiner Feindseligkeit und Aggression eignen. Diese sich völlig widersprechenden Gefühle, die offensichtlich mit Hilfe einer Projektion zu Abwehrzwecken miteinander verkoppelt sind, legen den Gedanken an eine Reaktionsbildung zweifellos nahe.

Ein besonderer Fall von Reaktionsbildung, von dem manche Theoretiker glauben, er verdiene eine eigne Klassifikation, ist die *Überkompensation.* Man nimmt meist an, daß sie seltener vorkommt als die Reaktionsbildung, doch ist sie gewöhnlich noch augenfälliger.

Angenommen, jemand empfindet eine unvernünftig übertriebene Angst vor einem Gegenstand oder einer bestimmten Handlung; dann müßte diese Angst nach dem gesunden Menschenverstand verschwinden, sobald der Betreffende nahe genug an den Gegenstand herangekommen ist, oder wenn er die Handlung vollzieht und sich davon überzeugt, daß seine Angst unbegründet ist. Oft ermahnen Erwachsene ja auch mit unterschiedlichem Erfolg ein ängstliches Kind, doch näher heranzugehen.

Ein solches überkompensatorisches Verhalten scheint auf einem inneren Zwang zu beruhen, in welchem sich der Trieb spiegelt, die Angst dadurch zu überwinden, daß man ihr trotzt. Irgendwie hat der Betreffende mehr Angst vor seiner Angst bekommen als vor dem angsterregenden Reiz.
Der »Prozeß, rücksichtslos über seine Angst hinwegzugehen«, wie Horney 1937 die Überkompensation kennzeichnet, kann zum wünschenswerten Selbstzweck werden, da die Überwindung der Angst die Selbstachtung steigert und zudem seelische Qualen mildert.

»Anstatt die gefährliche Situation zu meiden und vor ihr davonzulaufen, sucht man die Gefahr geradezu auf und ruft sie sogar künstlich hervor. Dies ist bei Kindern zu beobachten, welche ihrer Furcht vor einer Gefahr zum Trotz pfeifend über einen Friedhof laufen. Von besonderer sozialer Bedeutung ist dieses Symptom bei Halbwüchsigen, bei denen die Versuchung, die Furcht durch ein herausforderndes Betragen zu überwinden, noch nicht durch ein reifes Urteilsvermögen kontrolliert wird, mit dem Erfolg, daß sie die Gesetze der Wirklichkeit und Gemeinschaft leicht ignorieren, und dies nicht so sehr aus einer Verachtung der Gesetze heraus als aus Furcht vor Feigheit.« (Menninger u. a. 1963.)

Eine solche Überkompensation braucht keine schädlichen Folgen zu haben. Seiner Angst zu trotzen und zu versuchen, sie zu überwinden, muß nicht pathologisch sein. Es zeugt an sich nicht von einer schlechten Anpassung, wenn jemand auf eine Schlangenphobie in seiner Kindheit damit reagiert, daß er Herpetologe wird, oder wenn ein anderer auf eine qualvolle Ungewandtheit und Schüchternheit in der Pubertätszeit hin eine Karriere einschlägt, bei der er ständig im Licht der Öffentlichkeit steht. Nach Menninger wird ein entgegengesetztes Verhalten erst dann pathologisch, wenn es den Betreffenden veranlaßt, die Flucht nach vorne gegen alle Vernunft einzuschlagen oder eine Rolle zu übernehmen, für die er aufgrund mangelnder Intelligenz und Begabung oder durch seine körperliche Konstitution ungeeignet ist, oder wenn sein entgegengesetztes Verhalten so übertrieben wird, daß seine Allgemeinfunktionen ernsthaft beeinträchtigt werden.

Zwangshandlungen

Die Kindheit ist eine Zeit der Reinheit und Unschuld, in der der Mensch Gott am nächsten steht. Sie ist aber auch das Alter, in dem die Erbanlagen des Menschen aus niedrigeren tierischen Entwicklungsstufen durch korrektive Maßnahmen der Gesellschaft ausgemerzt werden müssen. Hierin sind die Ansichten zwar verschieden, aber niemand wird bestreiten, daß Kinder nicht gern aufräumen und daß sie im Vergleich zu Erwachsenen unordentlich, leichtfertig, verantwortungslos und ungeschickt sind. Aufgabe der Eltern und Lehrer ist es, in den sich entwickelnden Organismus Neigungen einzupflanzen, die zu Sauberkeit, Ordnungsliebe, Pünktlichkeit, Verantwortungsgefühl und Tüchtigkeit führen. Für richtiges Verhalten werden Preise ausgesetzt. Artigkeit und gute Leistungen werden belohnt, und Nachlässigkeit und Versagen werden bestraft. Kindlich unzulängliches Verhalten ruft beim Kind leicht Angst hervor, wenn es negativ verstärkt wird. Dadurch daß es lernt, seine

Unzulänglichkeit zu überwinden, vermeidet es die mit der drohenden Strafe verbundene Angst und verdient sich statt dessen die erwünschte Anerkennung. Mit der Zeit werden die sozialen Wertungen verinnerlicht, und der Erwachsene sieht dann in ihnen seine persönlichen Ansichten. Jedoch wirkt die Erziehung in der Kinderzeit stets noch nach.

Es kommt vor, daß ein Erwachsener feststellt, daß er nervös und reizbar wird, sobald ihn äußere Umstände an einem verantwortungsbewußten Verhalten oder an Ordnung und Sauberkeit hindern. Auf bewußter Ebene erklärt er diese Empfindungen mit seinen moralischen Prinzipien. Unbewußt fürchtet er offenbar die Strafe, die ein mangelhaftes Betragen in seiner Kinderzeit nach sich zog.

Bestimmte Verhaltensweisen, die gegen kindliche Fehler angingen, können zu Vorkehrungsmaßnahmen gegen die Angst werden. Man vermeidet das Bewußtwerden der Angst, indem man sich so verhält, daß man mit Anerkennung rechnen kann – als ob man sich unbewußt sagte: »Ich fange an, Angst zu bekommen. Irgendwie droht mir Gefahr. Wahrscheinlich werde ich für meine Nachlässigkeit, für mein mangelndes Verantwortungsgefühl und für meine Unpünktlichkeit bestraft. Daher will ich mich lieber verantwortungsbewußt, tüchtig und so weiter benehmen, und ich werde Anerkennung statt Strafe ernten.«
Das gegen die Unzulänglichkeit der Kinderzeit gerichtete Syndrom bezeichnet man als *Kompulsivität* oder *obsessiv–kompulsiven Abwehrmechanismus.* In seiner wohltätigen Form, in der er zu Persönlichkeitscharakteristiken und Verhaltensweisen führt, die ganz offensichtlich anpassungsgerecht und nützlich sind, scheint er recht weit verbreitet.
Manche Menschen scheinen die Fähigkeit zu besitzen, einen starken zwanghaften Abwehrmechanismus in eine bestimmte Bahn zu leiten, so daß er in einer besonderen Situation intensiv nutzbar gemacht werden kann und sich im übrigen auf das Leben des Betreffenden weniger auswirkt. Dies ist zum Beispiel bei dem Facharbeiter der Fall, dessen Arbeit hohe Präzision erfordert.
Bei zur Angst prädestinierten Menschen oder bei solchen, die von akuter Angst bedroht sind, stellt der Kliniker besondere Zwangshandlungen fest.

Hierher gehören zum Beispiel phobische Reaktionen auf Schmutz und Insekten, Spannungszustände bei der Wahrnehmung, daß sich etwas nicht an seinem gewohnten Platz befindet (wie wenn jemand unbedingt ein schiefhängendes Bild an der Wand zurechtrücken muß), ein übertriebenes Pünktlichkeitsbedürfnis (daß man stets eine halbe Stunde zu früh zu Verabredungen kommt), eine in Geiz ausartende Genügsamkeit und schließlich so bizarre Verhaltensweisen wie, daß sich jemand ein paar dutzendmal am Tag die Hände wäscht oder systematisch sinnlose rituelle Handlungen ausführt und sich etwa alle paar Minuten dreimal um sich selber dreht.

Solche Zwangshandlungen zeigen am besten, wie ein Abwehrmechanismus sich für den einzelnen und für die Gesellschaft segensreich auswirkt, wenn er in Grenzen bleibt, und wie er, sobald er außer Kontrolle gerät, den Betreffenden zu einem nutzlosen, mechanischen Menschen macht.

Ablenkungsmechanismen des täglichen Lebens

Abwehrmechanismen sind eine besondere Veranlagung und eine Notwendigkeit. Bei den meisten normalen Menschen ist eine ständige unbewußte Wachsamkeit erforderlich, um sie in einem guten Zustand zu erhalten. Je mehr diese Abwehrmaßnahmen dauernd oder auch vorübergehend bedroht sind, um so größer wird die Spannung, die aus der Notwendigkeit erwächst, sie instand zu halten.

Die Neo-Freudianer erklären diesen Spannungszustand damit, daß die Anwendung eines Abwehrmechanismus notwendigerweise eine gewisse Versteifung der Persönlichkeit mit sich bringt, wodurch die klare und exakte Wahrnehmung der Wirklichkeit beeinträchtigt wird. Um die Abwehr in Takt zu halten, muß der Betreffende die Wirklichkeit so weit verdrehen, daß sie ihm mit dem Abwehrmechanismus vereinbar scheint.

So muß zum Beispiel ein Mensch, der zu Zwangshandlungen neigt, der nicht anders handeln kann, weil es sich ja um Abwehrmechanismen handelt, Gründe für seine Handlungsweise erfinden, selbst wenn eine objektive Beurteilung der Wirklichkeit ergäbe, daß ein derart verkrampftes Benehmen ungerechtfertigt ist.

Eine weitere Ursache der übermäßigen Beanspruchung des Abwehrmechanismus ist der tatsächlich vorhandene Streß im täglichen Leben. Immer wieder stellen kleinere belastende Vorkommnisse die Abwehrstrategie auf die Probe: entweder, indem sie Angst zu erregen drohen, gegen die man sich verteidigen muß, oder indem sie von dem Gesamtvorrat an psychischer Energie, der für die Abwehr zur Verfügung steht, etwas abziehen. Zu letzterer Kategorie gehören angsterregende Erfahrungen, die man mit Rücksicht auf die Gebote der Wirklichkeit nicht ins Unbewußte abschieben kann. Der bei der Aufrechterhaltung der Abwehrmaßnahmen entstehende Druck erzeugt zusammen mit den aufreibenden Erlebnissen des täglichen Lebens eine Spannung, eine unbestimmte Rastlosigkeit, ein vages Gefühl, daß etwas geschehen müßte, ohne daß man sich klar ist, wo dieses Gefühl herkommt, oder was man genau tun müßte. Jeder von uns kennt diese Spannung, ganz gleich wie wirksam unsere Abwehrstrategie ist. Sie ist ein integrierender Teil unseres Lebens, wie Menninger sich ausdrückt.

Die Fähigkeit, diese Spannung auszuhalten, ist von Fall zu Fall verschieden, doch hat jeder von uns seine Grenzen. Ohne Rücksicht auf unsere individuelle Persönlichkeit oder unsere äußere Lage addiert sich die Spannung, bis sie gelegentlich einen Grad erreicht, wo eine Entspannung zur Aufrechterhaltung des seelischen Gleichgewichts unumgänglich wird.

Um eine vorübergehende Entspannung zu erzielen, kann man zu vielen verschiedenen Verhaltensweisen seine Zuflucht nehmen. Man bezeichnet sie als *Ablenkungsmechanismen.* Es sind dies, wie Menninger und seine Mitarbeiter darlegen, keine Symptome, keine Anzeichen einer Psychopathologie. Bei den meisten handelt es sich um allgemein verbreitete Auswege, die in den Bereich normalen Verhaltens fallen oder schlimmstenfalls unter die Absonderlichkeiten zu rechnen sind. Ein solcher Ablenkungsmechanismus wird vorübergehend benutzt, bis die Spannung nachgelassen hat, und so lange ausgesetzt, bis wieder ein Bedürfnis danach entsteht. Wird er dagegen wie im Fall des chronischen Alkoholismus und der Drogensucht nicht nur vorübergehend angewandt, kann man nicht länger von einem Ablenkungsmechanismus reden.

Theoretisch sieht man in einem solchen Ablenkungsmechanismus die Folge der Anwendung von Abwehrmaßnahmen und keine Abwehrmaßnahme selbst oder einen Teil einer Abwehrstrategie. Die Ableitung der Spannung ist theoretisch etwas anderes als die Verhütung des Bewußtwerdens der Angst. Letztere vollzieht sich völlig auf unbewußter Ebene, während man sich der entspannenden Wirkung des Ablenkungsverhaltens in verschiedenem Maß bewußt sein kann.

Die Zahl und Vielfalt der Ablenkungsmechanismen ist praktisch unbegrenzt und hängt weitgehend von den Verhaltensformen ab, die in einer Gesellschaft oder Subkultur als annehmbar angesehen werden. Die menschlichen Motive sind so komplex, daß niemand genau angeben könnte, wann ein Verhalten ausschließlich oder vorwiegend der Spannungsreduktion dient. Viele Verhaltensweisen haben mehr als einen Zweck, doch handelt es sich bei einigen weitverbreiteten offenbar deutlich um Ablenkungsmechanismen. Die folgende Teilliste ist Menningers Aufstellung entnommen. (Menninger u. a., 1963)

1. Beruhigung durch Berührung, Rhythmen und Töne; angenehme Empfindungen, die vielleicht unbewußt an die Tröstungen der Kinderzeit erinnern.
2. Essen und andere orale Tätigkeiten wie rauchen und Kaugummi kauen.
3. Lachen, weinen und fluchen.
4. Schlafen.
5. Sich aussprechen; sich mit einem sympathischen Zuhörer über seine Probleme unterhalten oder vielleicht auch nur frei von der Leber weg reden.
6. Sich ausarbeiten, z. B. durch körperliche Übungen.
7. Eine ziellose Überaktivität, wie auf- und abgehen, sich kratzen, mit den Fingern trommeln oder sich die Hände reiben.
8. Sich in Phantasien und Tagträume zurückziehen, besonders in Phantasien, in denen die eigenen Probleme gelöst werden oder nicht existieren.

Versagen diese kleinen Stabilisatoren, so wird das psychologische Gleichgewicht ernsthaft bedroht. Neue Abwehrmaßnahmen gegen die Angst werden errichtet, alte werden erweitert und intensiviert. All dies weist auf eine seelische Störung hin, die zu einem Zusammenbruch der gesamten Abwehrstrategie, zu einem »Nervenzusammenbruch« führen kann. Diese Bezeichnung ist zwar technisch nicht korrekt, steht aber in anschaulicher Analogie zu einem mechanischen Gebilde, das unter zu hoher Beanspruchung zu Bruch geht.

V. Das experimentelle Messen der Angst

Die vorangegangenen Kapitel waren weitgehend theoretisch und spekulativ mit einer starken klinischen Orientierung. Sie stellten Begriffe und Ideen heraus, die sich nur hier und da auf experimentelle Ergebnisse stützen konnten. Dies wird in den folgenden Kapiteln insofern ausgeglichen, als sich hier die Folgerungen und Schlüsse hauptsächlich auf Untersuchungen gründen, die meist in psychologischen Laboratorien durchgeführt wurden.
In diesem Kapitel wird zunächst die Methodologie dieses Forschungsgebiets näher erläutert, und der Leser wird kurz mit dem Instrumentarium, den Verfahren und Problemen der Methodologie bekannt gemacht. Dies soll die Voraussetzung schaffen für ein Verständnis der Experimente mit der Angst. Es ist zu hoffen, daß

der Leser dabei auch ein Verständnis für die Schwierigkeiten gewinnt, die mit der Erforschung der menschlichen Affekte verbunden sind.

Das objektive Messen der Angst

Wie bereits in Kapitel 2 gezeigt, ist die Angst ein hypothetisches Konstrukt, das zu Versuchszwecken operational definiert werden muß. Die Definition meint im wesentlichen das Instrument und die Technik, deren man sich bedient, um die Angst im Experiment zu messen. Die erste Aufgabe des Forschers ist es daher, ein bestimmtes Meßverfahren anzuwenden oder zu erfinden.

Das Potential der operationalen Definitionen der Angst ist sehr groß, weil ein so großer Teil menschlichen Verhaltens auf diesen Affekt zurückgeführt wird. Cattell und Scheier haben 1958 mehr als dreihundert Definitionsvorschläge für dieses Konstrukt nachgewiesen. In unserem Zusammenhang ist eine umfassende Darstellung der Angstmeßmethoden unmöglich. Wir beschränken uns auf die Besprechung von zwei Arten von Messungen, die von den Experimentatoren am häufigsten angewandt werden: auf physiologische Manifestationen der Tätigkeit des autonomen Nervensystems und auf psychologische Tests.

Physiologische Meßverfahren

Die Validität eines subjektiven Berichts über Angstgefühle ist manchmal zweifelhaft, weil das Ableugnen als Abwehrmaßnahme gegen das Bewußtwerden der Angst allgemein verbreitet ist. Reaktionen des autonomen Nervensystems lassen sich dagegen nur selten willkürlich beeinflussen und sind daher gegen das Ableugnen immun. Besonders diese Erwägung war der Anlaß dafür, daß man zahlreiche physiologische Reaktionen als operationale Definitionen der Situationsangst und der Angst als Zustand benutzt.

Im ganzen gesehen sind die Resultate jedoch enttäuschend. Die vier am häufigsten benutzten physiologischen Meßindizien – Blutdruck, Schlagfrequenz des Herzens und Atemfrequenz, sowie der elektrische Widerstand der Haut[8] – sind Bestandteile des *Polygraphen* oder »Lügendetektors«, der sich einer unverdienten Beliebtheit bei gerichtlichen und anderen Untersuchungsbehörden erfreut. Tatsächlich existieren keine wissenschaftlich annehmbaren Daten, die seine Anwendung rechtfertigen würden (Levitt, 1955). Diese Fest-

stellung trifft grundsätzlich auf alle physiologischen Systeme zu, die man zum experimentellen Messen der Angst herangezogen hat, wie auch aus Kapitel 6 hervorgeht. Nur selten kann man feststellen, das physiologische Meßverfahren untereinander oder mit psychologischen Angstindices oder mit der Streßintensität in einer festen Beziehung stehen. Man kann bestenfalls vermuten, daß die verschiedenen physiologischen Reaktionsweisen auf Angst idiosynkratisch sind, was sie beim gegenwärtigen Stand der Forschung über die Angst als Konstrukt ungeeignet macht.
Außerdem sind physiologische Meßverfahren schwierig durchzuführen. Meist sind recht teuere Apparaturen und manchmal hochspezialisierte analytische Verfahren dazu notwendig. Die Messungen müssen ausnahmslos individuell vorgenommen werden. Für das sparsame Verfahren der Gruppenuntersuchung sind physiologische Messungen ungeeignet. Viele dieser Verfahren sind notorisch labil. Die ermittelten Werte steigen und fallen rasch, wobei täglich Veränderungen festzustellen sind, die man sich nicht recht erklären kann. Auch werden sie leicht durch Versuchsbedingungen beeinflußt, die mit dem eigentlichen Experiment nichts zu tun haben. Was als individuelle Reaktion angesehen wird, kann genausogut auf diese Labilität zurückzuführen sein.

Psychologische Meßverfahren

Projektive Techniken

Das wichtigste Hilfsmittel des Psychologen zur Beurteilung eines klinischen Falls sind die projektiven Techniken. Kurz gesagt handelt es sich dabei um Verfahren, bei denen dem Patienten unstrukturierte oder teilstrukturierte Reizkonfigurationen vorgelegt werden. Er muß versuchen, sie zu strukturieren, wobei bestimmte Aspekte seiner Persönlichkeit enthüllt werden. Die bekannteste projektive Technik ist der Kleckstest von Rorschach. Es gibt zahllose Möglichkeiten, wie man die Antwort des Betreffenden auf die zehn Kleckse, die den Test ausmachen, analysieren kann. Einige dieser Auslegungsmöglichkeiten werden allgemein als Indices für Angst angesehen.
Ein Vorteil dieser projektiven Tests besteht darin, daß die Versuchsperson nur selten eine Ahnung davon hat, wie ihre Antwort interpretiert werden wird. Sie kann nicht »schwindeln«, wie der Kliniker sich ausdrückt, womit er sagen will, daß der Betreffende nicht weiß, wie er seine Angst leugnen oder sonstwie verstecken

könnte. Als experimentelle Meßverfahren für die Angst haben solche projektive Tests jedoch auch ihre Nachteile, und einige sogar recht beträchtliche. Die Schwierigkeiten liegen in der Interpretation der Antworten, in der Quantifizierung der Daten und in der Durchführung des Tests. Sowohl Durchführung wie Interpretation erfordern einen besonders geschulten Prüfer, einen qualifizierten klinischen Psychologen. Viele Antworten auf projektive Testreize sind idiosynkratisch. Ihre wahre Bedeutung enthüllt sich nur im Kontext einer genauen Untersuchung des Zustands und Hintergrunds des Befragten. Viele Faktoren, die man aus den Protokollen projektiver Tests entnehmen kann, sind quantifizierbar, doch ist nicht sicher, wie diese Zahlen mathematisch zu manipulieren sind. Die psychologische Bedeutung von vier Reaktionen eines bestimmten Typs kann nicht einfach die von einer mehr als drei sein. Bezüglich der Angst könnten sechs solche Reaktionen weit mehr bedeuten als zweimal soviel wie drei. Projektive Tests lassen sich zwar auch in Gruppen durchführen, doch geht dabei ein beträchtlicher Teil ihres diagnostischen Werts verloren. Aus diesen Erwägungen heraus erscheinen projektive Tests für experimentelle Messungen wenig geeignet.

Der Fragebogen

Bei weitem die populärste Methode, die Angst in der Experimentalsituation zu messen, ist der *Fragebogen*, auch *Skala* oder *Inventar* genannt, obwohl im allgemeinen keine dieser Bezeichnungen ganz korrekt ist. Ein solcher Fragebogen besteht aus einer Reihe von Beispielen, welche die Gefühle und Meinungen des Befragten über sich selbst und seine Umgebung wiedergeben. Die Reaktion besteht darin, daß der Betreffende jeweils den Grad der Richtigkeit oder Falschheit, seiner Zustimmung oder Ablehnung, vermerkt, wofür er je nach Anlage des Fragebogens einen oder mehrere Punkte bekommt, aus denen dann seine Gesamtpunktzahl errechnet wird. Diese Gesamtpunktzahl wird als direkte, quantitative Aufrechnung seines Angstniveaus angesehen. Einige typische Beispiele solcher Skalen finden sich in den Tabellen I–V dieses Kapitels.

Die Beliebtheit des Fragebogens kommt daher, daß er für den Forscher besondere Vorteile besitzt. Er kann praktisch von jedermann schnell und leicht ausgefüllt und dann einfach ausgewertet werden. Auch bei der Anwendung in Gruppen bietet er keine Schwierigkeiten. Er ist zuverlässiger als physiologische Meßmethoden oder projektive Tests, da er weniger von äußeren Nebenumständen in der Experimentalsituation beeinflußt wird.

Die meisten Psychologen dürften sich darüber einig sein, daß die Vorteile des Fragebogens größer sind als seine Nachteile, doch sollten auch diese nicht übersehen werden. Fragebogen, die sich der Richtig-falsch- oder Ja-nein-Methode bedienen, müssen mit Pauschalantworten rechnen, das heißt, daß viele Menschen dazu neigen, sich für eine bestimmte Kategorie von Antworten zu entscheiden (gewöhnlich für das positive »Richtig« oder »Ja«), und dies anscheinend ohne Rücksicht auf den Inhalt der betreffenden Aussage.

So pflegt zum Beispiel eine erstaunlich große Anzahl von Menschen zwei völlig entgegengesetzte Behauptungen als »richtig« zu bezeichnen, wie etwa: »Wie die menschliche Natur nun einmal beschaffen ist, wird es immer Kriege geben« und »Um den internationalen Krieg auszurotten, braucht man nur die richtigen Leute in die hohen Regierungsstellen zu setzen.«

Fragebogen, die Haltungen und Meinungen messen, werden leichter pauschal zustimmend beantwortet als die, welche sich mit emotionalen Zuständen befassen. Bei Messungen von Angst oder anderen unerwünschten Phänomenen ist die pauschale Zustimmung weniger von Einfluß als der Faktor des *sozial Wünschenswerten.* Man möchte von sich glauben, daß man ein Mensch mit sozial erstrebenswerten Motiven, Gefühlen und Verhaltensweisen ist. Daher ist man geneigt, absichtlich oder auch ohne sich dessen bewußt zu sein, seine sozial unerwünschten Eigenschaften zu verleugnen.

Viele werden zu der Feststellung »Ich könnte manchmal jemand umbringen« ohne Bedenken »falsch« vermerken, ganz gleich wie ihnen tatsächlich zumute ist.

Wie weit sich die Tendenz zu pauschalen Zustimmungen und der Faktor des sozial Erstrebenswerten auf die Fragebogenantworten auswirken, hängt von der Art der befragten Gruppen und von dem Zweck ab, dem der Fragebogen dient. Ein Patient, der sich freiwillig in psychiatrische Behandlung begeben hat, wird wahrscheinlich auf den Faktor des sozial Wünschenswerten am wenigsten Rücksicht nehmen. Ein Bewerber für eine bestimmte Stelle, oder wer mit einer niedrigen Gesamtpunktzahl etwas zu erreichen hofft, wird dagegen vermutlich am stärksten davon beeinflußt werden. Ein anonymer Beantworter wird weniger Bedenken haben, als einer, der den Fragebogen mit seinem Namen unterzeichnet.
Die Erfinder von Tests nehmen ihre Zuflucht zu verschiedenen Maßnahmen, um äußere Einflüsse auszuschalten. Einige Fragebogen enthalten eine »Lügenskala« mit Selbsteinschätzungen, die sozial unerwünscht sind, die jedoch fast niemand mit gutem Gewissen leugnen kann.

Beispiele dafür sind: »Ich sage nicht immer die Wahrheit« und »Ich werde manchmal wütend«. Wer diese Verhaltensweisen zu leugnen versucht, steht wahrscheinlich stark unter dem Einfluß des Faktors des sozial Wünschenswerten, und die von ihm erreichte Punktzahl auf dem Fragebogen ist mit Vorsicht zu behandeln.

Um sowohl den Faktor des sozial Wünschenswerten als auch die Pauschalantworten zu umgehen, wählt man die Beispiele so, daß der Befragte sich zwischen zwei Behauptungen, die sozial etwa gleich erstrebenswert sind, zwangsweise entscheiden muß, wobei die eine ein Maßstab für das betreffende Konstrukt ist und die andere nicht. Der Befragte muß angeben, welche der beiden Behauptungen auf ihn am meisten zutrifft.

Die ersten Angstinventare wurden von Taylor 1951 und von Mandler und Sarason 1952 aufgestellt. Daraufhin erfolgte eine starke Zunahme der Experimente mit diesem Konstrukt. Wie Levy 1961 zeigte, nahmen in den fünf Jahren nach 1952 die Abhandlungen über die Angst in den psychologischen Fachzeitschriften stark zu.

Taylors Manifest Anxiety Scale
(Taylors *Skala manifester Angst)*

Die erste Angstskala, die allgemein in Gebrauch kam, wurde 1951 von Taylor entwickelt und zwei Jahre später von ihm veröffentlicht. (Taylor, 1953) Die MAS gehört zu den zahlreichen Fragebogen verschiedener Art, welche aus den 550 Beispielen des *Minnesota Multiphasic Personality Inventory* zusammengestellt wurden. Das MMPI, das psychopathologische Tendenzen aufdecken soll, ist selber einer der am häufigsten benutzten Fragebogen.

Taylors Absicht war, in Übereinstimmung mit der Theorie von Spence (vergl. Kapitel 7, S. 91) ein Meßverfahren für allgemeine Motivationen und nicht speziell für die krankhafte Angst zu entwickeln. Trotzdem wurden die fünfzig Beispiele der MAS ursprünglich so ausgewählt, daß man mit ihnen nach dem Urteil erfahrener Kliniker krankhafte Angst aufdecken konnte. Einige charakteristische Beispiele aus Taylors Skala zeigt Tafel I. Die Gesamtpunktzahl der Versuchsperson errechnet sich aus der Anzahl der Beispiele, auf die sie mit der Angst-Antwort reagiert, die je nach dem Beispiel entweder »richtig« oder »falsch« lauten kann.

Diese Beispiele weisen bei näherer Untersuchung einige typische Kennzeichen der MAS auf. Erstens wird damit eine allgemeine Veranlagung zur Angst und nicht der augenblickliche Zustand gemessen. Die meisten Beispiele fordern zu einer Beurteilung einer allgemeinen Disposition auf, wie aus den Worten »häufig«, »oft«,

Tafel I

Beispiele aus Taylors *Manifest Anxiety Scale*

Ich mache mir häufig über etwas Sorgen.	RICHTIG	FALSCH
Ich habe stets genug Energie, um mit Schwierigkeiten fertig zu werden.	RICHTIG	FALSCH
Ich bin gewöhnlich ruhig und rege mich nicht leicht auf.	RICHTIG	FALSCH
Ich habe einmal im Monat oder auch öfter Diarrhö.	RICHTIG	FALSCH

»gewöhnlich«, »kaum je« und so weiter hervorgeht. Keines der Beispiele fordert die Versuchsperson auf, ihren Gemützustand im Augenblick der Beantwortung anzugeben.

Es liegen genügend Beweise vor, daß die MAS gut zwischen normalen Gruppen und psychiatrischen Patienten unterscheidet. Erstere erreichen einen Durchschnittswert von etwa 15, letztere von ungefähr 28.

Es gibt auch eine Kurzform der MAS von Bendig (1956), die zwanzig Aussagen enthält, welche am besten geeignet scheinen, »klinische Kriterien manifester Angst vorauszusagen«.

Eine andere MAS mit 42 Spezialbeispielen wird zur Untersuchung von Kindern im Vorschulalter verwendet. (Castaneda, McCandless und Palermo, 1956) Sie ergibt einen Durchschnittswert von 13–18 bei normalen Kindern und von etwa 20 bei Sonderschülern.

Die IPAT Anxiety Scale (IPAT Angst-Skala)

Das vom *Institute for Personality and Ability Testing* entwickelte Angstinventar entsprang einem allgemeineren Versuch, die menschliche Persönlichkeit mit Hilfe der Fragebogenmethode zu messen. Mit einer komplizierten statistischen Technik, die als Faktorenanalyse bezeichnet wird, identifizierten die IPAT Forscher sechzehn Persönlichkeitseigenschaften. Einige davon enthielten Wesenszüge, die offenbar Gradmesser für Angst waren. Cattell und Scheier konnten außerdem 1961 nachweisen, daß die betreffenden Merkmale einen »Haufen« (cluster) bildeten, d. h. daß sie alle statistisch in bedeutsamer Weise miteinander verwandt waren. Außerdem deuteten sie sämtlich auf eine krankhafte Ängstlichkeit der Befragten hin. Vierzig dieser Beispiele ergeben die IPAT-Selbstanalysenskala, die unter der Bezeichnung Angstskala allgemein bekannt ist. Tabelle II enthält einige Beispiele und zeigt, nach welchem System vorgegangen wird.

Tafel II

Beispiele aus der IPAT Angstskala

Ich brauche meine Freunde mehr, als sie mich zu brauchen scheinen.	selten	manchmal	oft
Ich habe stets genug Energie, um mit auftauchenden Schwierigkeiten fertig zu werden.	ja	ja und nein	nein
Ich verspüre manchmal den Zwang, ohne besonderen Grund bestimmte Dinge zu zählen.	richtig	ungewiß	falsch

Die Erfinder der IPAT Skala glauben, daß man damit die »freischwebende, manifeste Angst« messen kann, worunter sie offenbar die Veranlagung zur Angst verstehen. Die einzelnen IPAT Beispiele beziehen sich genau wie die der MAS eindeutig auf den Dauerzustand und nicht auf die augenblickliche Verfassung, was mit den Worten »oft«, »immer« und so weiter ausgedrückt wird.
Die den verschiedenen Antworten zugeteilten Werte reichen von 0 bis 3; die Gesamtpunktzahl liegt zwischen 0 und 80. Normale Gruppen von Versuchspersonen kommen auf Gesamtpunktezahlen zwischen 25 und 30, während die Kennwerte psychiatrischer Patienten im Durchschnitt zwischen 30 und 40 liegen.

Das S-R Angstinventar

Unter sämtlichen Angstskalen läuft das *S-R Inventory of Anxiousness* von Endler u. a. (1962) am deutlichsten auf den Versuch hinaus, die allgemeine Ängstlichkeit zu messen. Dieses Inventar besteht aus kurzen Beschreibungen von elf Situationen, von denen anzunehmen ist, daß sie bei den meisten Menschen Angst hervorrufen. Vierzehn Reaktionstendenzen, von denen sieben physiologischer Natur sind, stehen auf der Liste. Die Antwort des Befragten besteht darin, daß er auf einer Fünfpunkteskala jeweils die Intensität vermerkt, mit der er jede der Reaktionstendenzen in jeder der elf Grundsituationen empfindet.
Das S-R Inventar ist demnach ein Index bestimmter Situationen, in denen Angst empfunden wird, sowie der Anzahl der Angstreaktionen auf jede der Situationen und der Intensität jeder Reaktion.

Maximal kann beim S-R Inventar ein Kennwert von 770 (5 × 14 × 11) erreicht werden oder von 70, wenn ein Durchschnittswert für die elf Situationen errechnet wird. Normale Versuchspersonen erreichen im Durchschnitt 330 bis 360 bzw. 33 bis etwa 36 Punkte.

Das S-R Inventar ist offensichtlich für Studenten bestimmt, die ja besonders oft als Versuchspersonen zu psychologischen Experimenten herangezogen werden.

Dies geht aus einigen der angeführten Grundsituationen deutlich hervor, z. B. »Sie gehen zu einer ersten Verabredung mit einem jungen Mädchen«, »Sie gehen zu einem psychologischen Experiment« und »Sie gehen in eine Abschlußprüfung in einem wichtigen Fach«. Andere Situationen beziehen sich nicht so eindeutig auf Studenten. Es handelt sich vielmehr um Erfahrungen, die viele der Befragten vermutlich noch nie gemacht haben dürften, wie beispielsweise: »Sie fahren bei stürmischer See mit einem Segelschiff hinaus«. Für einen Menschen mit wenig Phantasie dürften solche Situationen kaum bedeutungsvoll sein, und sein Versuch, seine Reaktionen abzuschätzen, dürfte daher von fraglichem Wert sein.

Ein weiterer Nachteil des S-R Inventars ist, daß zu insgesamt 154 Beispielen Stellung zu nehmen ist, mehr als bei irgendeiner anderen Angstskala. Das Ausfüllen und Auswerten nimmt daher besonders viel Zeit in Anspruch.
Eine Kurzform des S-R Inventars hat Perkins 1966 vorgeschlagen. Er verwendet dazu nur drei der ursprünglichen S-R Situationen und zusätzlich eine neue: »Sie werden gleich von einem Psychologen auf ihre emotionale Stabilität getestet«. Die Zahl der Reaktionen ist von 14 auf 10 reduziert, wodurch die Zahl der erforderlichen Antworten nur noch 40 beträgt. Maximal kann eine Gesamtpunktzahl von 200 erreicht werden; als Durchschnittswert für Studenten wird 103 angegeben.

Die Affect Adjective Check List
(Fragebogen mit Affekt-Adjektiven)

Ein Angstinventar kann aus einer Reihe von Sätzen wie »ich bin erschreckt« oder »ich bin beunruhigt« bestehen, d. h. aus einer Reihe von Selbsteinschätzungen, bei denen nur das prädikative Adjektiv sich ändert. Da das »ich bin« allen Beispielen gemeinsam ist, kann man das Inventar dadurch vereinfachen, daß man diese beiden Worte wegläßt und die Versuchsperson anweist, die Adjektive anzukreuzen, die seine Gefühle wiedergeben. Der Fragebogen wird damit zu einer Liste von Adjektiven, in der die Versuchsperson statt der herkömmlichen Antwort »richtig« oder »falsch« die betreffenden Adjektive ankreuzt oder unangekreuzt läßt. Das Meßprinzip bleibt das gleiche. Eine solche Liste kann auch antithetische Adjektive zur Angst wie »ruhig« und »angenehm« enthalten. Kreuzt der Betreffende diese Adjektive nicht an, so erhöhen sich damit seine Angstpunkte.

Zuckerman hat 1960 in seiner *Affect Adjective Check List* diese Methode zum Messen der Angst angewandt. Die AACL enthält 11 angstpositive Adjektive, d.h. solche, die Angstgefühle direkt beschreiben, und 10 angstnegative Beispiele. Die maximal erreichbare Gesamtpunktezahl beträgt 21. Normale Versuchspersonen erreichen Werte zwischen 4 und 6, während unter Streß stehende im Durchschnitt auf 15 kommen.

Die AACL weist einige Vorteile auf. Man kann sie durch eine einfache Abänderung der Anweisungen für die Messung der allgemeinen Neigung zur Angst (»Beschreiben Sie, was Sie im allgemeinen fühlen«) und des augenblicklichen Zustands benutzen (»Beschreiben Sie, wie Ihnen augenblicklich zumute ist«). In der letztgenannten »Heute-Form« ist die AACL eines der wenigen Instrumente, mit denen man den augenblicklichen Zustand im Gegensatz zur allgemeinen Ängstlichkeit messen kann. Sie ist daher besonders bei Experimenten angebracht, bei denen Angst künstlich erregt wird, oder überhaupt in allen Situationen, von denen man annimmt, daß die Versuchsperson akute Angst bekommen wird. Die AACL ist auch leichter anzuwenden als andere Fragebogen und kann bei Versuchswiederholungen durch Parallel-Listen ergänzt werden.

Der Hauptnachteil der Checklisten besteht darin, daß die Antworten vom Wortschatz und der Sprachgewandtheit des Befragten abhängen. Wer einen größeren Wortschatz besitzt, wird mehr Adjektive benutzen, und dies mehr deshalb, weil er besser zwischen ihnen unterscheiden kann, als aus emotionalen Gründen. Dies macht nicht viel aus, wenn eine intellektuell homogene Gruppe, wie zum Beispiel eine Gruppe von Collegestudenten, getestet wird, doch kann es bei einer beliebig zusammengestellten Gruppe zu einer ernsten Fehlerquelle werden. Zu einer validen Antwort gehört auch, daß der Betreffende sich seiner Gefühle genau bewußt ist. Jemand, der sich gegen seine Angst durch Verleugnen oder Verdrängen seiner Gefühle wehrt, kann auf einer solchen Liste eine niedrige Gesamtpunktzahl erreichen, auch wenn er in Wirklichkeit starke Angst empfindet.

Die *Subjective Stress Scale* (Subjektive Streßskala)

Die SSS ist eine Checkliste mit vierzehn Beispielen, die mit Recht als Skala bezeichnet wird, da die Zahlenwerte, welche jedem der vierzehn Worte auf der Skala zugeordnet sind, empirisch entwickelt wurden. (Vergl. Tafel III).

Die SSS wurde entwickelt, um die Angst von Soldaten bei simulierten Kampfbedingungen zu ermitteln. (Kerle und Bialek, 1958) Der Befragte muß dasjenige Wort oder den betreffenden Ausdruck auf der Skala ankreuzen, womit seiner Ansicht nach seine heftigste Empfindung am treffendsten gekennzeichnet war. Die Soldaten erreichten bei der Beschreibung ihrer Reaktionen auf simulierte Kampfbedingungen durchschnittliche Skalenwerte zwischen 60 und 75 gegenüber etwa 30 im entspannten Zustand (Berkun u. a., 1962). Die SSS dient ausschließlich der Messung von Situationsangst. Auf den ersten Blick scheint sie bei jeder beliebigen Bevölkerungsgruppe mit Schulbildung anwendbar, doch sind die Zahlenwerte dann nicht genau so zu übernehmen. Sie treffen auf Soldaten in simulierten Kampfbedingungen zu und könnten bei anderen Gruppen in anderen Streßsituationen beträchtlich abweichen. Der Experimentator, der die Skalenwerte von Tafel III benutzt, sollte sich vor Augen halten, daß seine Versuchspersonen mit Soldaten verglichen werden, die sich in einem simulierten Kampf befinden.

Tafel III

Die Subjektive Streßskala

Beispiel	Skalenwert
Wundervoll	00
Schön	09
Angenehm	17
Ruhig	27
Machte mir nichts aus	40
Gleichgültig	48
Ängstlich	57
Unruhig	64
Nervös	69
Beunruhigt	74
Unsicher	76
Erschrocken	83
Von panischer Angst ergriffen	88
Vor Schreck erstarrt	94

Das *State-Trait Anxiety Inventory* (Inventar zur Messung der Angst als Zustand und Persönlichkeitseigenschaft)

Mit Ausnahme der Subjektiven Streßskala und der »Heute-Form« der Checkliste mit Affektadjektiven dienten sämtliche bisher vorgestellten Fragebogen der Messung der allgemeinen Ängstlichkeit. Da die Angst als Persönlichkeitseigenschaft theoretisch ein konstanter Zustand des betreffenden Menschen ist, sollte sie eigentlich als Reaktion auf äußere Umstände keinen Schwankungen unterworfen sein. Meßverfahren wie die MAS oder das S-R Inventar sollten daher von Streßreaktionen nicht beeinflußt werden. Lediglich die SSS und die »Heute-Form« der AACL sind zur Messung der Reaktionen auf emotionale Reize geeignet. Es wäre jedoch vorteilhaft, wenn man sowohl die Situationsangst als auch die allgemeine Ängstlichkeit mit dem gleichen Meßinstrument messen könnte. Diese Fähigkeit der AACL besitzt auch das *State-Trait Anxiety Inventory* (Inventar zur Messung der Angst als Zustand und Persönlichkeitseigenschaft) von Spielberger und Gorsuch, 1966. Das STAI gibt es in mehreren Parallelformen. Die Urheber des Tests enpfehlen die Form B. Sie besteht aus 20 Selbsteinschätzungen, zu denen sich der Befragte auf einer Fünfpunkteskala entsprechend der Intensität seines Gefühls, seines Zustandes oder seiner Erfahrung äußert. Der Befragte kann aufgefordert werden, seine Antwort so einzurichten, daß sie sein Gefühl »in diesem Augenblick« oder »im allgemeinen« oder auch in beiden Fällen angibt. Die gleichen Beispiele werden dabei zur Messung der Angst als Persönlichkeitseigenschaft oder als eines augenblicklichen Zustands benutzt. Wie bei der AACL variieren nur die Anweisungen.

Das STAI ist sowohl vom theoretischen wie auch vom methodologischen Standpunkt aus unter den in diesem Kapitel beschriebenen Testverfahren das am sorgfältigsten entwickelte. Der von Spielberger und Gorsuch 1966 beschriebene Testaufbau ist äußerst raffiniert und rigoros. Wie Spielberger darlegt, gründet sich das STAI auf folgende Theorie: Eine Messung der Angst als Persönlichkeitseigenschaft sollte stabil und konstant sein. Eine Messung der Angst als eines vorübergehenden Zustandes sollte von Streßsituationen beeinflußt werden. Bei einer Gruppe von Versuchspersonen müßten die Werte für die Angst als Wesenszug mit den Werten für die Angst als augenblicklichen Zustand unter Streßbedingungen korrelieren.

Diese Theorie wird durch die von Spielberger und Gorsuch 1966 vorgelegten Daten des STAI voll bestätigt. Der einzige Nachteil ihrer Arbeit besteht vielleicht darin, daß sie ausschließlich mit Gruppen von Collegestudenten experimentierten, was aber natürlich genauso für die meisten der in diesem Kapitel beschriebenen Testverfahren gilt.

Der *Test Anxiety Questionnaire* (Testangst-Fragebogen)

Die bis hierher vorgestellten Testverfahren wurden entwickelt, um die Angst als allgemeinen Wesenszug oder als vorübergehenden

Zustand des Befragten zu messen. In Kapitel 7 werden wir die Bekanntschaft einer Gruppe von Psychologen machen, die der Ansicht sind, daß noch nicht genügend Vorarbeiten geleistet wurden, um die Angst als einheitliches, allgemeines Phänomen untersuchen zu können. Sie behaupten, das wissenschaftliche Studium der Angst müsse mit einer gründlichen Untersuchung spezifischer, situationsbedingter Angstformen beginnen. Sie entschlossen sich daher, sich bei der Untersuchung der Angst auf die akademische Testsituation zu konzentrieren. Die Reaktion, welche sie zu messen versuchen, heißt *Testangst.*

Der Testangst-Fragebogen (TAQ) wurde als erstes von mehreren Inventaren zur Messung der Testangst von Mandler und Sarason 1952 entwickelt. Er besteht aus 35 Beispielen, die sich auf Reaktionen vor oder bei Prüfungen oder Intelligenztests beziehen. Die Versuchsperson verzeichnet ihre Reaktion auf einer 15 Zentimeter langen Strecke, deren Mitte und Endpunkte gekennzeichnet sind (vgl. Tafel IV).

Tafel IV

Beispiele aus dem Test Anxiety Questionnaire (TAQ)

Wie groß ist Ihre Angst vor einem Examen?

große Angst	Mitte	überhaupt keine Angst

Wie sehr schwitzen Sie bei einem Gruppen-Intelligenztest?

ich schwitze überhaupt nicht	Mitte	ich schwitze stark

Der *Achievement Anxiety Test*
(Test über leistungsverbessernde Angst)

Das Testangst-Meßverfahren von Alpert und Haber (1960) beruht auf der Überlegung, daß ein Meßverfahren wie der TAQ in seinen extremen Zahlenwerten die von der Angst stark mitgenommenen Versuchspersonen und die völlig angstfreien erfaßt. Nach der Theorie von Mandler und Sarason müßte es auch Einzelpersonen geben, deren Leistung durch den Streß vor der Prüfung verbessert wird. Diese sind jedoch mit dem TAQ nicht zu ermitteln.

Der *Achievement Anxiety Test* besteht aus zwei voneinander unabhängigen Fragebogen mit Fünfpunkte-Antwortskalen für die einzelnen Beispiele. Die »leistungsverbessernde Angstskala« hat neun Beispiele, auf der hohe Punktzahlen diejenigen identifizieren dürften, deren Leistung durch den Streß verbessert wird. Die »leistungsmindernde Angstskala«, welche dem TAQ ähnlich ist, setzt sich aus zehn Beispielen zusammen (vgl. Tafel V).

Tafel V

Beispiele aus dem Achievement Anxiety Test

Beispiele für leistungsverbessernde Angst

Ich arbeite am wirksamsten unter Druck, besonders wenn die Aufgabe sehr wichtig ist.

	1	2	3	4	5	
immer						nie

Nervosität während eines Tests verhilft mir zu besserer Leistung.

	1	2	3	4	5	
Sie hilft mir immer						Sie hilft mir nie.

Beispiele für leistungsmindernde Angst

Nervosität während eines Examens oder Tests hindert mich an guten Leistungen.

	1	2	3	4	5	
nie						immer

Ich stelle fest, daß ich Examensfragen lese, ohne sie zu begreifen, und sie noch einmal lesen muß, um hinter ihren Sinn zu kommen.

	1	2	3	4	5	
nie						fast immer.

Obwohl Alpert und Haber in ihrer ursprünglichen Veröffentlichung (1960) die beiden Fragebogen getrennt hielten, kann man sie auch zu einem einzigen vereinigen. Man muß dann die Beispiele beider Inventare so behandeln, daß eine hohe Punktzahl eine nachteilige Wirkung, eine niedrige eine leistungssteigernde Wirkung und Punktzahlen im mittleren Bereich einen geringen oder keinen Effekt anzeigen. Ein anderer Vorschlag lautet, das Verhältnis der auf beiden Skalen erhaltenen Punktzahlen festzustellen. (Singer und Rowe, 1962)

Ein weiteres Unterscheidungsmerkmal des AAT ist, daß seine Beispiele aus einer größeren Anzahl speziell unter dem Gesichtspunkt ausgewählt wurden, mit ihrer Hilfe die Durchschnittsquoten von Collegestudenten voraussagen zu können. Aus empirischen Gründen ist daher anzunehmen, daß die Ergebnisse des AAT sich speziell auf akademische Leistungen beziehen.

Dies ist sowohl ein Vorteil als auch ein Nachteil. Wenn es die

Absicht des Forschers ist herauszufinden, inwieweit die Angst die akademischen Leistungen des einzelnen beeinflußt, so empfiehlt sich die Anwendung des AAT. Mit Hilfe des AAT gewonnene Erkenntnisse können jedoch nicht zur Untersuchung der *Hypothese* herangezogen werden, daß die Angst die akademische Leistung beeinflußt, da ein positives Resultat bereits in den Fragebogen »eingebaut« ist.

Die Ursachen der Angst bei experimentellen Untersuchungen

Natürliche und naturalistische Bedingungen

Der Wissenschaftler, dessen Endziel die Voraussage und Kontrolle des Verhaltens ist, sucht dieses Verhalten in der natürlichen Umwelt, in der es auftritt, zu untersuchen. Dies ist für den Zoologen und Botaniker durchführbar, dagegen erweist es sich beim Studium menschlicher Verhaltensweisen nur selten als praktikabel. Phänomene wie Motive und Affekte sind im alltäglichen Milieu nur äußerst schwierig zu greifen. Nur selten ergibt sich eine Möglichkeit zur natürlichen Beobachtung, und selbst wenn sie sich einmal ergeben sollte, sieht sich der Forscher vor die zusätzliche, oft unmögliche Aufgabe gestellt, sich die Mitarbeit des Betreffenden zu sichern. In der natürlichen Umgebung vergrößern sich die methodologischen Probleme der Standardisierung von Verfahrensweisen und der Kontrolle der äußeren Faktoren erheblich. Ist der Zweck der Forschung die Untersuchung eines einzelnen Affekts, so bilden diese Probleme für das wissenschaftliche Studium ein fast unüberwindliches Hindernis.

Trotz dieser Schwierigkeiten ist die Angst in einigen wenigen Fällen, in denen Streß natürlich auftritt, untersucht worden, zum Beispiel bei der Ausbildung von Fallschirmjägern oder U-Boot-Matrosen, vor schweren Operationen oder Reden vor einem großen Auditorium, vor wichtigen Universitätsexamen oder während einer Kampfhandlung im Krieg. Leider machen solche Studien jedoch nur einen verschwindend geringen Prozentsatz der gesamten Untersuchungen über die Angst aus.

Die Bemühung, die Probleme der Standardisierung und Kontrolle zu umgehen, ohne die natürlichen Begleitumstände völlig zu opfern, führte gelegentlich zu dem Versuch, naturalistische Bedingungen herzustellen.

Beim Studium der Angst wurden zum Beispiel die Versuchspersonen künstlich am Schlafen gehindert, sie wurden extremen Temperaturen ausgesetzt, oder es wurden realistische Kampfbedingungen simuliert. Obwohl diese Bedingungen künstlich vom Versuchsleiter herbeigeführt wurden, weisen sie doch mit natürlichen Streßsituationen eine starke Ähnlichkeit auf.

Leider sind derartige Experimente jedoch so selten, daß sie unser Wissen über die Angst bisher kaum bereichern konnten.

Künstlich herbeigeführte Streßsituationen

Da es so schwierig ist, die natürlich auftretende Angst zu untersuchen, haben die meisten Forscher ihre Zuflucht zu Laboratoriumsversuchen genommen, bei denen die Angst künstlich erzeugt wird. Das Hauptproblem im Laboratorium besteht darin, eine Technik zu finden, die mit einiger Wahrscheinlichkeit bei der Versuchsperson den entsprechenden Streß hervorruft. Der Bereich der bei Laboratoriumsexperimenten angewandten Streßreize ist ziemlich groß. Die beiden meistangewandten Methoden arbeiten mit Schmerz oder Versagen oder der Androhung von Schmerz oder Versagen.

Der Schmerzstimulus ist dabei meist ein leichter elektrischer Schock. Diese Technik hat den Vorteil, daß sie die Schmerzempfindung nur peripher in einem begrenzten Körperbereich hervorruft, ohne die Haut zu verletzen oder mehr als ihre sensorischen Rezeptoren zu beeinflussen. Wie die meisten Theorien über die Entwicklung der Angst beruht auch dieses Verfahren auf der Annahme, daß der Schmerz allgemein gefürchtet wird.

Die Angst vor drohendem Versagen wird in leistungsorientierten Kulturen als ein sehr starker erworbener Trieb angesehen. Bei den verschiedenen Laboratoriumsversuchen bekommt die Versuchsperson die Aufgabe gestellt, ein Puzzlespiel zu lösen, wie man es bei Intelligenztests benutzt, oder sie erhält eine einfache motorische Aufgabe. Versagen oder drohendes Versagen wird auf vier verschiedene Arten hervorgerufen:

1. Indem man die Versuchsperson stört oder unterbricht, so daß sie die Aufgabe nicht in der vorgesehenen Zeit erfüllen kann.
2. Indem man sie zuvor mit einer Reihe falscher Normen bekannt macht, so daß sie den Eindruck gewinnt, schlecht abzuschneiden, selbst wenn sie die Aufgabe löst.
3. Indem man dem Betreffenden ohne Rücksicht auf seine tatsächliche Leistung sagt, er habe versagt oder schlecht abgeschnitten.
4. Indem man die Aufgabe so stellt, daß sie – wie ein Puzzlespiel, für das es keine Lösung gibt – nicht zu lösen ist.

Die Psychologen müssen es als eine bedauerliche Tatsache hinnehmen, daß künstliche Methoden, Angst einzuflößen keine Reaktionen von gleichem Ausmaß und gleicher Intensität hervorrufen, wie sie in natürlichen Situationen vorkommen. Der Forscher im Laboratorium ist sich klar, daß er mit seiner Technik nicht viel ausrichten kann, doch sollte er sich hierdurch nicht entmutigen lassen. Eine dem natürlichen Streß gleichkommende Wirkung ist gar nicht erforderlich. Der Experimentator muß nur soviel Angst erzeugen, daß sie mit seiner Meßmethode nachzuweisen ist. Wenn eine künstliche Technik dies erreicht, ist sie als erfolgreich anzusehen. Sie ist dann zu Forschungszwecken ein valides Faksimile einer natürlichen Situation.

Die Validität der künstlich induzierten Angst

Wir wenden uns jetzt der wichtigen und oft vernachlässigten Frage zu: Wie valid sind Streßverfahren im Laboratorium?
Im Laboratorium durchgeführte Verfahren zur Erzeugung von Angst gelten im allgemeinen als erfolgreich. Nur wenige Forscher machen sich die Mühe, ihre Wirksamkeit unabhängig vom eigentlichen Experiment zu überprüfen. Viele negative oder verwirrende experimentelle Ergebnisse dürften darauf zurückzuführen sein, daß man die Versuchspersonen nicht einem entsprechenden Streß ausgesetzt hat, was die Experimentatoren im Laboratorium jedoch meist nicht als Erklärung angeben.
Mindestens aus zwei Gründen kann ein künstliches Streßverfahren seinen Zweck verfehlen:
1. *Die Versuchsperson kann nicht merken, daß das Verfahren bei ihr Angst hervorrufen soll.* Der Betreffende kann unter Umständen einfach nicht glauben, daß der Professor oder Doktor zulassen wird, daß ihm etwas Unangenehmes zugefügt wird. Er kann sogar unter Umständen den Streßstimulus als wohltätig empfinden.

So haben zum Beispiel Grinker und seine Mitarbeiter 1957 versucht, bei Krankenhauspatienten durch eine aufregende Unterhaltung, die speziell auf den Betreffenden zugeschnitten war, Angst zu erzeugen. Sie mußten dabei zu ihrem Leidwesen feststellen, daß der Patient »oft die Tendenz zeigte, das Experiment als hilfreich anzusehen, mochten die ihm gemachten Eröffnungen noch so bedrohlich klingen. Paradoxerweise hatten diese Reiz-Unterhaltungen erstaunlich oft eine beruhigende Wirkung.«

2. *Bei vielen Versuchspersonen kommt es vor, daß die Methode keinen Streß auf sie ausübt, da sie die Absicht des Versuchsleiters, ihnen Angst einzuflößen, merken.* Diesen Fall und seinen Einfluß auf die Resultate des Experiments behandelt eine Veröffentlichung

von Walker und Spence (1964). Hier wurde einmal von den Forschern die Wirksamkeit ihrer Streßtechnik unabhängig untersucht.

Walker und Spence versuchten, ihren Versuchspersonen, die aus Studenten bestanden, dadurch Angst einzuflößen, daß sie ihnen mitteilten, ihre Angaben auf den beiden Angstskalen seien »fragwürdig« und ein Fakultätsmitglied habe daher vorgeschlagen, sie einem Intelligenztest zu unterziehen. Nach Abschluß des Experiments wurde jeder einzelne gefragt, wie ihm zumute gewesen sei, als man ihn über sein Versagen beim Ausfüllen der Angstskalen informierte. Von den 52 Versuchsteilnehmern gaben 32 zu, sie hätten sich geängstigt oder aufgeregt, 20 jedoch behaupteten, es hätte ihnen nichts ausgemacht.

Logischerweise müßte die Wirksamkeit des im Laboratorium erzeugten Streß teilweise eine Funktion der allgemeinen Ängstlichkeit der Versuchsperson sein. Man sollte annehmen, daß jemand, der stark zur Angst neigt, sich leichter bedroht fühlen würde, und daher auf einen künstlich ausgeübten Streß wahrscheinlicher mit Angst reagieren würde. Eine nach dem Experiment durchgeführte Befragung von Schwab und Iverson (1964) stützt diese Annahme.

Sie versuchten die Versuchspersonen dadurch in Aufregung zu versetzen, daß sie ihnen vor dem Experiment mitteilten, es werde ihre innersten Konflikte und einiges in ihnen ans Licht bringen, wovor sie die größte Angst hätten. Die Versuchspersonen waren nach der IPAT-Angstskala in Gruppen besonders ängstlicher und wenig ängstlicher Teilnehmer eingeteilt. Bei einer späteren Befragung gaben 45 Prozent von ihnen zu, daß sie sich durch die Ankündigung vor dem Experiment bedroht gefühlt hätten. Offensichtlich erwies sich diese Streßtechnik bei der Gesamtgruppe als relativ unwirksam, doch hatte sie bei der Gruppe mit den besonders ängstlichen Teilnehmern einen weit größeren Erfolg, denn von diesen gaben 65 Prozent zu, sie hätten sich bedroht gefühlt, während es bei den wenig Ängstlichen nur 25 Prozent waren.

Dieser Unterschied ist nicht nur in bezug auf die Methodologie der Angstexperimente wichtig, er illustriert auch eine recht häufige Erfahrung. Streßtechniken sind gewöhnlich (wenn auch nicht immer) relativ wirksamer bei Versuchspersonen, die stark zur Angst neigen.

Die Versuchsplanung bei Angstuntersuchungen

Angenommen, wir würden eine Gruppe von Versuchspersonen einem Streß aussetzen, um ihre psychologischen oder physiologischen Reaktionen zu messen. Würden dann diese Daten eine Basis liefern, von der aus man auf Streßreaktionen im allgemeinen schließen könnte? Isoliert betrachtet, liefern sie diese Basis nicht. Wir müssen Grund zur Annahme haben, daß Streßsituationen das Verhalten der betreffenden Personen *ändern*, bevor wir irgendwelche Schlüsse bezüglich der Angst ziehen können. Hierzu sind eine gewisse Kontrolle oder Nullmessungen notwendig.

Der Wissenschaftler bezeichnet die experimentellen Bedingungen als *unabhängige Variablen*. Das, woran die Wirkung dieser Bedingungen gemessen wird, ist dann die *abhängige Variable*. Schlüsse kann man nur ziehen, wenn die unabhängige Variable eine echte Veränderliche ist. Mit andern Worten, es muß eine Bedingung unter Streß und eine ohne Streß existieren, oder es müssen deren Äquivalente vorhanden sein. Es gibt drei Hauptmöglichkeiten, diese Forderungen zu erfüllen:

1. *Messen vor dem Experiment*. Experimentelle Messungen werden bei den gleichen Versuchspersonen sowohl vor als auch während oder unmittelbar nach der Streßsituation vorgenommen. Eine Änderung des Angstniveaus kann dann logischerweise auf die Streßbedingung zurückgeführt werden. Dies wird gewöhnlich als Versuchsplan »mit Eigenkontrolle« bezeichnet.
2. *Verschiedene Streßniveaus*. Mehrere unabhängige Gruppen von Versuchspersonen werden Streßbelastungen von verschiedener Intensität ausgesetzt. Der bei der abhängigen Variablen gemessene Reaktionsgrad sollte dann den verschiedenen Streßniveaus entsprechen. Trifft dies zu, so dürfen wir annehmen, daß tatsächlich Angst erregt worden ist.
3. *Auswahl bestimmter Versuchspersonen*. Anstatt voneinander unabhängige Gruppen verschiedenen Streßniveaus auszusetzen, kann der Versuchsleiter auch seine ursprüngliche Gruppe in Untergruppen einteilen, und zwar nach den von ihnen erreichten Punktzahlen, die vor dem Experiment auf einem Angstfragebogen ermittelt wurden.

Die »sehr ängstliche« Untergruppe würde dann beispielsweise aus den Versuchspersonen bestehen, die auf der MAS auf über 25 Punkte kamen oder die obersten 20 Prozent bei der Punkteverteilung erreichten. Die »wenig ängstliche« Untergruppe würde sich aus denen zusammensetzen, die unter 7 bzw. unterhalb der 20 Prozent-Grenze liegen. Das Arbeiten mit zwei extremen Gruppen ist weitverbreitet, doch zieht gelegentlich ein Forscher auch noch eine dritte, »mäßig ängstliche« Gruppe aus dem mittleren Punktbereich hinzu.

Eine weitere Methode, Gruppen zu kontrastierenden Angstniveaus zu erhalten, besteht darin, daß man sich psychiatrischer Patienten bedient, die an diagnostizierten Gemüts- und Geisteskrankheiten leiden, und daß man diese mit normalen Versuchspersonen vergleicht.

Es ist anzunehmen, daß dann das durchschnittliche Angstniveau bei der Patientengruppe höher liegt als bei den Nichtpatienten. Diese Vermutung liegt besonders dann nahe, wenn nur Patienten ausgewählt werden, bei denen Angst als Hauptsymptom diagnostiziert ist.

In Experimenten, bei denen Angst künstlich erregt wird oder bei denen psychiatrische Patienten als Versuchspersonen benutzt werden, ist die unabhängige Variable der vorübergehende Angstzustand. Bei Experimenten mit einer Untergruppe, die vor dem Experiment mit Hilfe einer Angstskala zusammengestellt wurde, ist die unabhängige Variable die Disposition zur Angst.[9]
Es ist leicht einzusehen, daß die beiden Arten von unabhängigen Variablen gemeinsam in ein und demselben Experiment untersucht werden könnten. Der Experimentator könnte dann den Einfluß der allgemeinen Ängstlichkeit auf den vorübergehenden Zustand messen. Eine solche Versuchsanordnung müßte theoretisch aufschlußreichere Daten ergeben als eine, in der nur eine unabhängige Angstvariable benutzt wird. Trotzdem gehören die meisten Angstexperimente (nach Sarasons Übersicht aus dem Jahre 1960 70 Prozent) nicht zum multivariaten Typ. Der Hauptgrund dürfte die schwierige Durchführbarkeit solcher Experimente sein.

Angenommen zum Beispiel, eine Gruppe von 90 Teilnehmern sollte in drei Gruppen von je 30 Personen eingeteilt werden, welche nach einer Angstskala verschiedene Ängstlichkeitsniveaus repräsentieren. Wenn der Versuchsleiter nun einen Streß von drei verschiedenen Intensitätsgraden untersuchen will, muß jede dieser drei Gruppen noch einmal gedrittelt werden, so daß sich neun Gruppen mit nur je 10 Teilnehmern ergeben. Diese Zahl wird als zu klein angesehen, um verläßliche Meßwerte zu erbringen. Um in jeder Untergruppe 30 Versuchspersonen zu haben, müßte man von einer ursprünglichen Gruppe von 270 Teilnehmern ausgehen. Wollte man vier verschiedene Streßgrade bestimmen, wären es sogar 360.

Leider stehen nun aber den Verhaltensforschern nur sehr selten so viele Versuchspersonen zur Verfügung. Etwa vier von fünf Experimenten müssen sich notgedrungen mit weniger als hundert Teilnehmern begnügen.
Ein Experimentator könnte sich zu einem komplizierteren Versuchsprogramm entschließen und zu diesem Zweck einige Daten jetzt, andere im nächsten Jahr und andere noch ein Jahr später sammeln. Diese Methode ist jedoch wenig empfehlenswert, denn man sollte beim Sammeln von Daten möglichst keine langen Zwischenperioden einschalten. Die Zeit wird dadurch selbst zu einem unkontrollierten Faktor, dessen Auswirkung auf die Versuchser-

gebnisse nicht vorauszusagen ist – wie das zum Beispiel bei dem 1957 von Mednick durchgeführten Experiment, das im nächsten Abschnitt beschrieben wird, der Fall war. Der zeitliche Abstand betrug hier nur drei Wochen.

Verschiedene Versuchsgruppen

Vor ein paar Jahren bemerkte ein Psychologe mit bitterem Sarkasmus, in der Psychologie stellten bei den weitaus meisten Experimenten die Wanderratte und der Student im zweiten Studienjahr die Versuchspersonen. Dies scheint insofern zweckmäßig, als beide Spezies zäh, leicht zu bekommen und selten in der Lage sind, sich gegen die Teilnahme zu wehren. Es läßt sich allerdings darüber streiten, ob die übermäßige Heranziehung dieser beiden Spezialgruppen unser Wissen über das menschliche Verhalten nicht einengt. Wir müssen immer mit der Möglichkeit rechnen, daß ein Versuchsergebnis, das sich auf das Verhalten des Collegestudenten gründet, uns nichts über seine Eltern, seine jüngeren Geschwister und seine Altersgenossen ohne Studienabschluß sagt.

Die meisten wissenschaftlichen Untersuchungen über die Angst wurden in der Tat entweder mit Studenten oder Ratten durchgeführt. Forscher und Theoretiker, die aus dem Verhalten der beiden Spezies unvorsichtige Verallgemeinerungen ableiteten, sind möglicherweise hierdurch gelegentlich auf einen Holzweg oder in eine Sackgasse geraten. Für diese Möglichkeit spricht ein Vergleich der Forschungsergebnisse von Wenar einerseits (1954) und von Kamin und Clark andererseits (1957). In beiden Fällen wurde die Auswirkung der Angst auf die einfache Reaktionszeit untersucht. Die Versuchspersonen hatten die Aufgabe, auf eine Taste zu drücken, sobald sie ein Summergeräusch vernahmen. An einem ihrer Finger war eine Elektrode angeschlossen, und wenn sie zu langsam reagierten, bekamen sie einen elektrischen Schlag.

Wenar bediente sich dabei der üblichen Studentengruppe. Er fand, daß Personen mit hohen MAS Punktzahlen in der Regel schneller reagierten. Kamin und Clark testeten Männer, die bei der kanadischen Luftwaffe eine Grundausbildung durchmachten. Keine dieser Versuchspersonen hatte ein College besucht, und sie waren durchschnittlich mehrere Jahre älter als Wenars Studenten. Kamin und Clark fanden, daß die Versuchspersonen mit hohen MAS Punktzahlen in der Regel *langsamer* reagierten.

Es könnte sein, daß diese sich widersprechenden Ergebnisse auf nicht beobachteten Unterschieden in der Versuchssituation beruh-

ten. Es ist jedoch ebenso möglich, daß der Unterschied an den verschiedenartigen Versuchspersonen lag. Man könnte sich das etwa so vorstellen: In der Regel wird ein sehr ängstlicher Mensch auch größere Angst vor Schmerzen haben. Man könnte die Experimentalsituation so ansehen, daß eine Aufgabe mit nur einer Reaktionsmöglichkeit ohne konkurrierende Reaktionstendenzen gestellt war. Daher reagierte der ängstliche Student schneller.
Andererseits wird der zur Angst neigende Soldat, der gern zäh, rauh und unerschrocken dastehen möchte, seine Angst verleugnen, indem er relativ langsam reagiert. Möglicherweise handelt es sich dabei um eine kontraphobische Reaktion. Der weniger ängstliche Soldat, der seiner selbst sicherer ist, hat es nicht nötig, seine Angst zu verleugnen, und reagiert daher energischer.

Der Einfluß äußerer persönlicher Faktoren auf Angstexperimente

Experimentangst und Experimenterfahrung

Eine der im S-R Inventar enthaltenen Situationen lautet: »Sie nehmen an einem psychologischen Experiment teil.« Diese Situation wird unter die Streßsituationen gerechnet, da Psychologen häufig beobachteten, daß viele Menschen schon aus dem Grund, daß sie an einem Experiment teilnehmen sollen, Angst bekommen, ganz gleich welcher Art dieses Experiment ist. Die Angstreaktion scheint durch die Neuheit der Situation hervorgerufen zu werden, dadurch daß die Versuchsperson nicht weiß, was mit ihr geschehen wird. Sie kommt am häufigsten vor, wenn zu dem Experiment Drogen, Hypnose oder eine Injektion gehören oder wenn die Versuchsperson einen Apparat bedienen muß oder mit einem solchen verbunden wird, doch muß keine dieser Voraussetzungen unbedingt gegeben sein.
»Experimentierangst« kann für den Forscher ernsthafte Konsequenzen haben, besonders wenn er von ihrer Existenz nichts weiß. Sie kann unter Umständen seine Versuchsergebnisse beträchtlich verfälschen.
Ist die Angst eine primäre Variable, so wird es zwar von dem Versuchsplan abhängen, wie sich die Experimentangst auswirkt, doch dürfte sie meist günstige Folgen haben. Tatsächlich könnte man sich ganz gut vorstellen, daß – selbst wenn es dem Versuchsleiter nicht gelingen sollte, mit seiner Technik seinen Versuchspersonen die nötige Angst einzuflößen – die Experimentangst zu einem sinnvollen Ergebnis führen könnte.

Die Hauptschwierigkeit liegt darin, daß die Experimentangst bei den Versuchspersonen eine Variable darstellt, und zwar höchst wahrscheinlich als Funktion ihrer früheren Erfahrungen. Studenten pflegen mit Experimenten große Erfahrung zu haben. Ein Forscher kann positive Resultate ganz einfach deshalb erhalten, weil er in der Hauptsache naive Versuchspersonen genommen hat, die große Angst vor dem Experiment hatten. Ein gleicher Versuch kann zu negativen Resultaten führen, wenn die Versuchspersonen bereits durch die Teilnahme an früheren Experimenten gewitzigt waren. Bei den Versuchen mit Eigenkontrolle dürfte die Experimentangst in der Vorbereitungsphase größer sein, in der man sich um eine Ausgangsbasis ohne Streß bemüht. Sie wird dann während der Streßperiode des Experiments aufgrund der zunehmenden Erfahrung nachlassen. Das Endresultat kann sein, daß bei der abhängigen Variablen die Unterschiede bezüglich des Zustands ohne und mit Streß neutralisiert oder abgeschwächt werden.
Der Versuchsleiter, der seine Versuchspersonen in Gruppen von verschiedener Ängstlichkeit einteilt, kann dadurch, daß er den Erfahrungsfaktor außer acht läßt, von diesen Versuchspersonen ein falsches Bild erhalten. Dies geht deutlich aus einer Veröffentlichung von Mednick (1957) hervor, worin man auch den allgemeinen Einfluß der Experimentangst auf die Versuchsergebnisse erkennen kann.

Mednick wollte ursprünglich den Einfluß der allgemeinen Ängstlichkeit auf die Reizverallgemeinerung feststellen. Er teilte seine Versuchspersonen nach der Heineman-Skala in Gruppen von geringer, mittlerer und starker Ängstlichkeit ein und setzte sie vor ein Brett mit elf elektrischen Birnen mit dem Auftrag, jedesmal wenn die mittlere Birne aufleuchtete, möglichst schnell eine Taste zu drücken. Dann variierte Mednick den Vorgang, indem er unvermutet gelegentlich auch eine der seitlichen Lampen aufleuchten ließ. Er stellte die Hypothese auf, daß die Anzahl der bei den falschen Lampen gedrückten Tasten analog der allgemeinen Ängstlichkeit zunehme. Dies hätte den Einfluß der Angst auf die Reizverallgemeinerung demonstriert.

Tafel VI

Ursprüngliche beim Mednick-Experiment ermittelte Zahlenwerte:

Durchschnittliche Zahl der unrichtigen Reaktionen bei den verschiedenen Angstniveau-Untergruppen

niedrig	mittel	hoch	alle Vps.
5,0	8,5	5,5	6,0

Tafel VI zeigt die ursprünglich von Mednick ermittelten Zahlenwerte. Die stark ängstliche und wenig ängstliche Gruppe unterscheiden sich kaum, während sich die stärkste Verallgemeinerung erstaunlicherweise sehr deutlich bei der mittleren Gruppe findet. Dieses Ergebnis war so unerwartet – zumal es dem in Kapitel 7 besprochenen Yerkes-Dodsonschen Prinzip direkt zuwiderläuft –, daß Mednick offenbar nach einer möglichen Erklärung suchte. Bei einer Untersuchung der näheren Umstände seiner Versuchspersonen stellte er fest, daß die in den Gruppen mit hohem und niedrigem Angstniveau bereits an wenigstens fünf psychologischen Experimenten teilgenommen hatten, während etwa die Hälfte der mittleren Gruppe noch keinerlei Erfahrung in Experimenten besaß.[10] Außerdem bestand jede der drei Gruppen aus zwei Untergruppen, die im Abstand von drei Wochen zu dem Experiment herangezogen worden waren. In der Zwischenzeit hatten dann sämtliche Versuchspersonen an zwei oder drei anderen Experimenten teilgenommen. Die späteren Teilnehmer waren hierdurch gewitzter als die ersten.

Dann analysierte Mednick seine Resultate sowohl nach dem Zeitpunkt der Teilnahme als auch nach dem Ängstlichkeitsniveau. Die Resultate finden sich auf Tafel VII. Offensichtlich zeigten alle drei Gruppen von Spätteilnehmern eine geringere Reizverallgemeinerung, wobei dieser Rückgang bei der mittleren Gruppe am auffälligsten war.

Die plausibelste Erklärung für Mednicks merkwürdige Ergebnisse dürfte demnach die Wirkung der Experimentangst und der Experimenterfahrung sein.

Tafel VII

Unterteilung der Zahlenwerte von Tafel VI entsprechend dem Teilnahmetermin

	niedrig	mittel	hoch	alle Vps.
früher Termin	5,5	9,0	6,5	6,5
späterer Termin*)	4,5	6,5	4,5	5,5

*) Zwischenraum von 3 Wochen

Angst beim Experimentator

Die Pionierarbeit von Rosenthal (1966) hat zur Erkenntnis geführt, daß das Angstniveau *des Experimentators* ebenfalls die Versuchsergebnisse beeinflussen kann. Rosenthal hat in einer Reihe geistreicher Untersuchungen gezeigt, daß persönliche Eigenschaften des Versuchsleiters einschließlich seiner speziellen Hypothese einen Einfluß auf seine Resultate haben können. Schon 1963 haben er und seine Mitarbeiter in einer klassischen Studie nachgewiesen, daß die Wirkung der Voreingenommenheit des Versuchsleiters – die unbewußte Beeinflussung seiner Versuchspersonen, um die seiner Hypothese entsprechenden Daten zu erhalten – bei Experimentatoren mit hohen Punktzahlen auf der MAS größer ist. Diese Auffassung wurde durch die Untersuchungen von Winkel und Sarason (1964) bestätigt, die nachwiesen, daß das Angstniveau des Experimentators auch das verbale Lernen von Versuchspersonen beeinflussen kann. Man kann daraus schließen, daß ängstliche Forscher auch bei ihren Versuchspersonen mehr Situationsangst hervorrufen und daß gelegentlich auch andere Eigenschaften des Versuchsleiters das Angstniveau seiner Versuchspersonen und damit die Resultate seines Experiments beeinflussen können.

VI. Die Physiologie der Angst

Es bedarf meist keiner experimentellen Untersuchung oder gelehrten Abhandlung, um zu merken, daß starke Gemütsbewegungen, wie Angst, Zorn oder sexuelle Erregung, deutliche physiologische Begleiterscheinungen haben. Herzklopfen, seltsame Empfindungen in der Magengrube, Schweißausbrüche und Trockenheit im Mund sind den Romanschriftstellern ebenso bekannt wie den Physiologen. Zwar wird man die einfache Tatsache nicht in Frage stellen, daß ein Zusammenhang zwischen dem Psychologisch-Verhaltensmäßigen und dem Physiologischen besteht, doch gibt es hinsichtlich der Art dieser Beziehung einige bedeutsame Probleme, mit denen sich der Wissenschaftler auseinanderzusetzen hat. Sie lassen sich in drei Hauptfragen zusammenfassen:

1. Weshalb haben emotionale Zustände physiologische Begleiterscheinungen, und wie kommen diese zustande?
2. Unterscheiden sich die physiologischen Begleiterscheinungen ihrem Wesen nach bei den verschiedenen Gemütszuständen, und kann man anhand dieser Unterschiede unter den Emotionen differenzieren?
3. Haben Geistes- und Gemütskrankheiten physiologische Ursachen oder wenigstens feststellbare physiologische Korrelate?

Physiologische Reaktionen auf emotionale Reize

Die physiologischen Reaktionen auf emotionale Reize sind autonom. Die Funktion einer autonomen Reaktion ist es, eine automatische innere Regulierung im Körper zu veranlassen ohne ein bewußtes oder willensmäßiges Eingreifen des Individuums. Es gibt zwei Arten von autonomen Reaktionen: die *sympathischen*, deren Funktion es ist, Körperprozesse zu aktivieren, und die *parasympathischen*, die den Zweck haben, Reserven im Körper zu erhalten. Beispiele für die verschiedenen Tätigkeiten des autonomen Nervensystems finden sich in Tafel VIII. Ein Vergleich der beiden verschiedenen Reaktionsweisen zeigt, daß die Begleiterscheinungen von Affekten größtenteils vom Sympathikus ausgehen und daß nur wenige parasympathischer Natur sind, wie zum Beispiel eine verstärkte gastrointestinale Tätigkeit. Experimentelle Untersuchungen von Affekten, vor allem der Angst, sprechen im allgemeinen für ein Vorherrschen der sympathischen Reaktionen, doch hat man inzwischen in einem weiten Reaktionsbereich sowohl sympathische wie parasympathische Reaktionen nachgewiesen. Hierbei gibt es zahlreiche individuelle Abweichungen, und bei einigen wenigen Menschen herrschen tatsächlich parasympathische Reaktionen vor. Diese unmittelbaren körperlichen Korrelate der Affekte sind deutlich erkennbar und relativ leicht zu messen. Die Frage, wie sie zustande kommen und welchen Weg sie im Individuum nehmen, ist dagegen noch nicht eindeutig geklärt.

Tafel VIII

Beispiele für die Tätigkeit des autonomen Nervensystems.

Organ oder Funktion	sympathische Wirkung	parasympath. Wirkung
Herzfrequenz	verstärkt	verlangsamt
Blutgefäße	zusammengezogen	ausgedehnt
Körpertemperatur	erhöht	gesenkt
Blutzucker	vermehrt	vermindert
gastrointestinal	Tätigkeit gebremst	Tätigkeit gesteigert
Schweißdrüsen	vermehrte Sekretion	keine

Theorien der Neurophysiologie der Emotion

James und Lange

Der erste wissenschaftliche Versuch, die Beziehung zwischen der subjektiven Erfahrung einer Emotion und ihren physiologischen Begleiterscheinungen zu deuten, wurde 1884 von dem Psychologen William James unternommen und ein Jahr später, unabhängig von ihm, von dem dänischen Physiologen Carl Lange. Die James-Langesche Theorie behauptet, kurz gesagt, daß zuerst der erregende

Reiz verspürt oder wahrgenommen wird und daß diese Wahrnehmung sofort autonome Reaktionen auslöst. Man erlebt den Affekt in erster Linie dadurch, daß man diese körperlichen Veränderungen in sich spürt, und nicht so sehr dadurch, daß man den Reiz selbst wahrnimmt. Der Weg des Impulses führt vom Rezeptor zur Gehirnrinde und von da aus zu den inneren Organen und wieder zurück zum Kortex. Die Nervenimpulse werden so schnell weitergegeben, daß man sich der Reihenfolge nicht bewußt wird. Alles scheint gleichzeitig zu erfolgen.

Cannon und Bard

Als James und Lange ihre Theorie aufstellten, war noch nicht viel über die Funktionsweise des Gehirns bekannt, und so erschien diese Theorie zunächst recht einleuchtend. Sie hielt sich mehr als vierzig Jahre lang, bis sie durch die Entdeckung von mit ihr nicht zu vereinbarenden Tatsachen endgültig abgetan wurde. In den zwanziger Jahren zeigten die Physiologen Walter Cannon und Philip Bard, daß bei Tieren, die man auf neurochirurgischem Weg jeder autonomen Reaktivität beraubt hatte, deutliche verhaltensmäßige Reaktionen bei einer emotionalen Stimulation auftraten. Nach der James-Langeschen Theorie wäre dies unmöglich gewesen. Cannon und Bard stellten die Theorie auf, daß physiologische Reaktionen und das emotionale Erlebnis gleichzeitig entstehen und daß sie durch zwei tiefer gelegene Gehirnzentren, den *Thalamus* und den *Hypothalamus*, vermittelt werden. Neuere Entdeckungen auf dem Gebiet der Neurophysiologie haben gezeigt, daß die Cannon-Bardsche Theorie zu einfach war, wenn sie auch in die richtige Richtung wies.

Papez und McLean

Die gegenwärtige Theorie, welche mit den Namen des Neuroanatomen J. W. Papez und des Neurophysiologen Paul D. McLean verbunden ist, geht von der Annahme Papez' aus, daß sich der Sitz der emotionalen Kontrolle in einer Gehirnzone befindet, die als Limbisches System bezeichnet wird. Das Limbische System liegt an der medialen Unterseite des Gehirns und besteht hauptsächlich aus dem *Paläokortex*, dem phylogenetisch primitivsten Teil der riesigen menschlichen Großhirnrinde, sowie aus Teilen des Hypothalamus. Neurochirurgische Untersuchungen haben ergeben, daß das Limbische System an dem Zustandekommen der Emotionen zweifellos beteiligt ist. Man hat bei den diesbezüglichen

Untersuchungen das Großhirn ganz oder teilweise entfernt, man hat die Gehirnsubstanz chemisch oder elektrisch stimuliert, und man hat eine bestimmte Zone des Gehirns verletzt oder entfernt. Nahm man diese Prozeduren mit dem Limbischen System vor, so zeigten sich deutliche emotionale Reaktionen oder Veränderungen der zu erwartenden emotionalen Reaktionen.

Die »Antiangst«-Region

Eine noch verhältnismäßig neue Untersuchungsmethode der Gehirntätigkeit spricht unwiderlegbar für die Beteiligung des Limbischen Systems an den emotionalen Reaktionen. Dabei wird dem Gehirn des Versuchstiers eine winzige Elektrode eingepflanzt, wobei relativ wenig Gehirnsubstanz zerstört wird. Man kann eine winzig kleine Gehirnregion mit einem an einer Elektrode befestigten beweglichen Kabel stimulieren, ohne daß das Tier hierdurch anderweitig beunruhigt wird.

Diese Methode wandten Olds und Milner 1954 an. Sie setzten auf diese Weise eine Ratte in die Lage, durch den Druck auf einen Hebel *ihr eignes Gehirn* elektrisch zu reizen. Man kann damit erreichen, daß das Tier sich die größte Mühe gibt, bestimmte Zonen des Limbischen Systems, besonders die Septalregion, zu reizen. Die Ratte drückt den Hebel wie rasend – bis zu 5000 mal die Stunde – wenn es ihr auf diese Weise gelingt, bei jedem achten oder zehnten Hebeldruck einen elektrischen Impuls auf das Gehirn zu übertragen. Natürlich kann man hieraus schließen, daß das Tier diese interkranielle Selbststimulation vornimmt, weil es sie als »lustvoll« empfindet. Es sieht sogar so aus, als ob eine Ratte die Stimulation des Limbischen Systems dem Schlafen, Essen und Trinken und der Paarung vorzöge.

Diese Entdeckung der »Lustregionen« ist an sich schon höchst aufschlußreich, doch sind die folgenden Arbeiten von Brady und seinen Mitarbeitern vom Walter-Reed-Forschungsinstitut noch wichtiger. Um die Bedeutung dieser ungewöhnlichen Forschungsarbeit verstehen zu können, müssen wir kurz auf die Erregung von Angst bei Versuchstieren eingehen.

Eine Angstreaktion ist bei einem Versuchstier einfach hervorzurufen. Wenn ein Tickgeräusch und ein schmerzhafter elektrischer Schlag auf die Füße einer Ratte mehrmals gleichzeitig oder kurz hintereinander erfolgen, wird das Tier schon bald auf das Tickgeräusch allein mit offensichtlichen Zeichen von Furcht, wie Sichducken, Urinieren und Koten, reagieren. Brady und seine Mitarbeiter haben 1958 festgestellt, daß das Tickgeräusch diese bedingten Angstreaktionen nicht mehr hervorrief, wenn man den Ratten gleichzeitig die Möglichkeit gab, die Lustregionen des Limbischen Systems selbst zu stimulieren. Auch hörten sie nicht auf, den Hebel zu betätigen, welcher die Selbststimulation auslöste. Sogar der elektrische Schlag auf die Füße rief jetzt keine Angstreaktionen mehr hervor! (Es kam jedoch dabei zu keiner dauernden Immunität gegen die Angst. Die Tiere waren leicht wieder daran zu gewöhnen, das Tickgeräusch zu fürchten, sobald die Selbststimulation des Gehirns eine Zeitlang ausgesetzt wurde.)

Die Untersuchungen von Olds und Milner sind inzwischen in zahlreichen Laboratorien reproduziert und auf verschiedene Organismen vom Fisch bis zum Menschen ausgedehnt worden. Die Forschung am Menschen wurde größtenteils im Heath-Laboratorium der Tulane University School of Medicine durchgeführt.

Heath hat dort Elektroden permanent in das Gehirn von mehr als vier Dutzend Menschen eingepflanzt (Heath 1964 a). Keiner dieser Patienten war normal. Sie litten entweder unter schweren Psychosen oder Epilepsie oder an unstillbaren Schmerzen im letzten Krebsstadium. Allem Anschein nach sind die Lustregionen im menschlichen Gehirn ähnlich verteilt, wie man es zuvor bei niedereren Tieren festgestellt hatte. Verbalberichte und klinische Beobachtung weisen darauf hin, daß Heaths Patienten durch die interkranielle Stimulation des Limbischen Systems beträchtliche Erleichterung empfanden. Es liegen Berichte und Beobachtungen vor, daß sie wacher und aufmerksamer für ihre Umgebung wurden, daß ihre Stimmung sich erstaunlich besserte, daß Depressionen und Angst verschwanden, daß sich das Gedächtnis besserte und die psychomotorische Aktivität gefördert wurde. Die Patienten berichteten von »einem erstaunlichen und sofortigen« Nachlassen der Schmerzen und erklärten, sie fühlten sich »wunderbar«, »glücklich« und »wie betrunken«. Die Stimulation einiger Regionen rief autonome Reaktionen hervor, die an eine sympathische Aktivation denken lassen, wie zum Beispiel Zorn oder Angst oder beides, und Schläfrigkeit und Schlaf. Auch spricht einiges dafür, daß es eine optimale Stromstärke für die Erregung der Lustzentren gibt. Stromstärken unter diesem Optimum riefen nur schwache Reaktionen hervor, während darüberliegende als unangenehm empfunden wurden (Bishop u. a. 1964).

Das retikuläre Aktivationssystem (RAS)

Eine andere Region des Zentralnervensystems, auf deren potentielle Bedeutung für eine Theorie der Affekte Lindsley zuerst 1951 hingewiesen hat, ist die *retikuläre Formation*. Diese etwas vage, nicht klar abgegrenzte Zone hat ihr Zentrum im Hirnstamm, der Verbindung des Gehirns mit dem Rückenmark. Die Anatomie der retikulären Formation läßt vermuten, daß sie auf die Funktionen des Zentralnervensystems einen weitreichenden Einfluß ausübt. In sie mündet ein seitlicher Zweig eines jeden Kanals der Nervenverbindung zwischen einem Sinnesorgan und der Großhirnrinde, und sie weist zahlreiche Verbindungen mit dem motorischen Nervensystem auf.

Bekanntlich steht das retikuläre System in engem Zusammenhang mit dem Schlaf-Wach-Kontinuum. Durch direkte elektrische Stimulation gewisser retikulärer Zonen kann man einen Organismus sofort einschläfern oder aufwecken. Aus diesem Grund spricht man häufig auch von dem retikulären *Aktivationssystem* (RAS). Wenn auch noch keine genauen Untersuchungen vorliegen, so ist doch zu vermuten, daß das retikuläre System mit der Regulierung der psychischen Wachheit zu tun hat, deren höchster Grad logischerweise die emotionelle Erregung darstellen würde.
1957 hat Malmo die Hypothese aufgestellt, daß die Großhirnrinde und das retikuläre System an einer Rückkopplungs-Kontrolloperation beteiligt sind, die den Zweck hat, ein optimales Stimulationsniveau aufrecht zu erhalten. Empfindungen, die den Kortex erreichen, werden ständig an das retikuläre System zurückgeführt. Wird die Impulsfrequenz zu groß, so entlädt sich eine Dämpfungszone des RAS und sendet Bremsimpulse an den Kortex zurück, die dessen Aktivität dämpfen. Sind die Umweltreize gering und sind die das RAS über den Kortex erreichenden Empfindungen unzureichend, muß ersteres »diffus zünden«, wodurch aktivitätsfördernde Impulse an den Kortex gesendet werden. Mit andern Worten, die Aktivität des RAS ist der Aktivität des Kortex direkt reziprok.
Malmo vermutet, daß das Erlebnis der Angst das Resultat einer Herabsetzung der hemmenden Wirkung der RAS ist. Diese Herabsetzung bewirkt, daß zuviele aktivierende Impulse zum Kortex geleitet werden, was zu einem Aktivationsniveau führt, das über dem optimalen liegt. Er vermutet weiterhin, daß die Gesamtfunktion des RAS sich ändern kann, wenn das Aktivationsniveau über einen langen Zeitraum hin dauernd hochgehalten wird.

Die Endokrinologie der Angst

Seit Cannon weiß man, daß ein Paar kleine, in der Nähe der Nieren liegende Organe, die *Adrenalindrüsen*, an der emotionellen Aktivation entscheidend beteiligt sind. Wir wissen ferner, daß diese Drüsen ihre Hormone immer dann ins Blut ausschütten, wenn sie durch Sekretionen der Hypophyse gereizt werden. Niemand bezweifelt mehr, daß diese Drüsen am Zustandekommen der Affekte beteiligt sind oder daß endokrine Systeme und Gehirnsysteme beim Prozeß der emotionellen Aktivation zusammenwirken.
Eine schwierige, bis jetzt noch ungelöste Frage ist die nach der genauen Art der innersekretorischen Reaktion auf emotionelle Sti-

mulation. Es gibt im wesentlichen zwei entgegengesetzte Ansichten, auf die nun nacheinander einzugehen ist.

Angst, Zorn und Adrenalin

Die Adrenalindrüse besteht aus zwei Teilen, dem *cortex* (Rinde) und der *medulla* (Mark). Letztere beschäftigt uns hier in erster Linie, weil sie das Adrenalin erzeugt, ein Hormon, welches die Aktivität des sympathischen Nervensystems mobilisiert. Die Funktion der Aktivierung des Körpers durch Adrenalin scheint zu sein, das betreffende Individuum zu heftiger Aktivität anzuregen. Cannon, der den inzwischen berühmt gewordenen Ausdruck »fight or flight« (Kampf oder Flucht) für diese grobe Reaktion prägte, betrachtete sie als nichtspezifisch für die emotionelle Aktivation. Er war der Ansicht, daß sie ohne Unterschied mit jedem stark emotionalen, durch Erregung gekennzeichneten Zustand verbunden ist.

Cannon erkannte, daß das Nebennierenmark zwei Hormone ausscheidet, konnte jedoch deren Funktionen noch nicht identifizieren. Wir können inzwischen beide Substanzen klar als Adrenalin (oder Epinephrin) und als Noradrenalin (oder Norepinephrin) unterscheiden. Beide veranlassen primär Reaktionen des Sympathikus, doch weichen sie in ihrer Wirkungsweise etwas voneinander ab. Das Adrenalin hat ausgesprochenere zentrale Wirkungen, einschließlich der Erhöhung des systolischen (zentralen) Blutdrucks durch Beschleunigung der Herzfrequenz, durch Herabsetzung des Blutvolumens in der Haut und seine gleichzeitige Heraufsetzung in den Muskeln und im Gehirn, durch eine Erhöhung des Blutzuckerspiegels und so weiter. Die von dem Betreffenden wahrgenommenen primären subjektiven Wirkungen sind Muskeltremor, Herzklopfen, Atembeschleunigung und zuweilen das Gefühl zu erröten.

Noradrenalin hat einen begrenzteren Wirkungsbereich, der größtenteils peripherer Art ist. Zum Beispiel erhöht es den Blutdruck, doch tut es dies nicht durch Zusammenziehung der peripheren Blutgefäße, sondern durch eine Beschleunigung der Herzfrequenz.

Während der letzten fünfzehn Jahre haben die Ergebnisse mehrerer Untersuchungen die Vermutung nahegelegt, daß die charakteristischen physiologischen Reaktionen auf Angst durch Adrenalin verursacht werden, während die Zornreaktionen hauptsächlich vom Noradrenalin bestimmt werden.

Eines der vielen Hormone der Nebennierenrinde, das Plasmahydrokortison, ist ebenfalls an der emotionellen Aktivation beteiligt (Persky, 1962). Bekanntlich unterstützt Hydrokortison die Wiederherstellung von geschädigtem Gewebe, seine spezifische Rolle bei der emotionellen Aktivation ist dagegen noch ungeklärt. Untersuchungen am Psychiatrischen Forschungsinstitut des Medical Center der Universität Indiana legen die Vermutung nahe, daß das Hydrokortison bei der Entstehung von Angst (Weiner u. a., 1963) und bei anhaltenden Angstgefühlen (Levitt, Persky, Brady und Fitzgerald, 1963) eine Rolle spielen könnte. Ob es auch andere Erregungszustände herbeiführen kann, ist nicht bekannt.

Die Theorie der allgemeinen Aktivation

Man kann sich mit vorsichtigem Optimismus auf den Standpunkt stellen, daß die Entdeckung spezifischer innersekretorischer Gefühlsreaktionen nur auf die Verfeinerung der Meßinstrumente und auf zusätzliche Daten auf den Gebieten der Neurophysiologie und Neurochemie wartet. Manche Forscher vertreten aber auch den Standpunkt, daß die Suche nach spezifischen Reaktionen in eine Sackgasse führen muß, da die emotionelle Aktivation physiologisch nichtspezifisch sei. In jedem erregten Gefühlszustand sei die physiologische Reaktion einfach eine allgemeine Aktivation. Die subjektive Erfahrung einer spezifischen Erregung existiere nur auf kognitiver oder psychologischer Ebene.

In gewissem Sinn bedeutet diese Auffassung eine Wiederaufnahme der früheren Einstellung Cannons, die schon bei William James zu finden ist, der darauf hinwies, daß Angst und Zorn sehr oft durch den gleichen Reiz hervorgerufen werden und daß das jeweilige Gefühlserlebnis durch die intellektuelle Einsicht in die Begleitumstände bestimmt werde. Die allgemeine Aktivationstheorie entspricht Selyes Auffassung vom *allgemeinen Adaptationssyndrom*, auf welches in diesem Kapitel noch näher eingegangen wird.

Die allgemeine Aktivationstheorie geht vor allem auf Verhaltensforscher wie Duffy (1941) und Malmo (1957, 1959) zurück. Nach Duffy (1962) sind beim Zustandekommen eines Gefühlszustands zwei Faktoren beteiligt: ein entweder hoher oder niedriger Aktivationsgrad des Organismus und eine Richtung. Die Aktivation spielt sich auf physiologischer Ebene ab und ist nichtspezifisch, obwohl es individuelle Abweichungen gibt. So wird man feststellen, daß die verschiedenen Maßstäbe für eine Aktivation, wie Blutdruck, Herzfrequenz und so weiter, beim gleichen Individuum ständig in einer bestimmten Beziehung zueinander stehen, wenn auch nicht bei allen Individuen in gleicher Weise. Der Richtungsaspekt liegt auf psychologisch-behavioristischer Ebene. Wenn jemand sagt: »Ich habe Angst« oder »ich bin wütend«, kann das physiologische Aktivationsniveau bei ihm in beiden Fällen das gleiche sein, doch wird die Richtung seines Verhaltens vermutlich sehr verschieden sein. Jemand, der Furcht empfindet, wird sich vermutlich von dem Streßreiz zu entfernen trachten, der Wütende wird vermutlich darauf losgehen.

Aufgrund der Aktivationshypothese lassen sich gewisse Voraussagen machen. Emotionen wie Angst und Zorn sind durch Lernerfahrungen derart miteinander verbunden, daß gewöhnlich von gemischten Gefühlen als Reaktion auf den Reiz berichtet wird oder daß man nicht imstande ist, verläßlich zwischen beiden Gefühlen zu unterscheiden. Das Erlebnis von Freude oder Heiterkeit ist allerdings nicht mit dem von Angst oder Wut zu verwechseln. Nach der Aktivationstheorie müßten jedoch die physiologischen Begleiterscheinungen weitgehend die gleichen sein.

Einige Untersuchungen weisen darauf hin, daß dies tatsächlich der Fall ist.

Levi zeigte 1963 seinen Versuchspersonen den tragischen Kriegsfilm *Wege des Ruhms* und den komischen Film *Charlies Tante*. Verhaltensmäßig und in Selbstschilderungen reagierten diese Versuchspersonen erwartungsgemäß, doch verursachten beide Filme annähernd die gleiche Ausschüttung von Adrenalin und Noradrenalin.

In einem anderen einschlägigen Experiment (Schachter und Wheeler, 1962) bekam eine Gruppe von Versuchspersonen eine Injektion von Adrenalin und eine andere ein unwirksames Placebo. Eine dritte Gruppe erhielt Chlorpromazin, eine erregungshemmende Droge. Sämtlichen Gruppen wurde dann ein kurzer komischer Film vorgeführt. Ihre Heiterkeitsreaktionen wurden in einem »Heiterkeitsindex« vermerkt. Die Gruppe mit der Adrenalininjektion hatte den höchsten Heiterkeitsindex, die Placebogruppe folgte, und die Chlorpromazingruppe zeigte die geringste Belustigung. Sechzehn Prozent der mit Adrenalin behandelten Versuchspersonen hielten sich an einer bestimmten Stelle buchstäblich »den Bauch vor Lachen«, was keine einzige der Placebopersonen tat.

Die Untersuchung von Levi weist darauf hin, daß eine Stimulation des Nebennierenmarks mit Aktivierungszuständen Hand in Hand geht, die sich subjektiv und verhaltensmäßig deutlich von Angst und Zorn unterscheiden. Auch dürfte der Aktivationsgrad des Nebennierenmarks bei positiven und negativen Zuständen ziemlich gleich sein. Aus dem Schachter-Wheeler-Experiment ist logischerweise zu schließen, daß Adrenalin einen Aktivationszustand hervorruft, dessen Richtung dann von einem Außenreiz bestimmt wird, welchen der Betreffende unabhängig wahrnimmt. Dieses Versuchsergebnis stimmt mit der Idee von Duffy überein, daß die Richtung der Emotion davon abhängt, wie der Betreffende die Situation auffaßt, in welcher er die allgemeine Aktivation erlebt.

Haben Geisteskrankheiten eine physiologische Ursache?

Die spezifischen Ursachen von Geistes- und Gemütskrankheiten bleiben ein eigenes Forschungsgebiet, doch wird seit Freud allgemein anerkannt, daß sie vorwiegend auf psychosozialen Ursachen beruhen. Dies hat jedoch eine kleine Gruppe von Forschern nicht davon abgehalten, nach physischen Ursachen geistiger Erkrankungen zu suchen. Der Grund ist einleuchtend. Die sich über viele Jahre erstreckende psychosoziale Entwicklung, die mannigfachen Einflüssen unterworfen ist, hat etwas Unwiderrufliches. Ein Architekt kann ein schlecht konstruiertes Gebäude zwar abstützen, er kann es aber nicht völlig in Ordnung bringen, ohne es von Grund auf neu zu bauen. Beruht jedoch eine Krankheit ihrem Ursprung nach auf einem unausgeglichenen Hormonhaushalt, auf einem mangelhaften Stoffwechsel oder einem klar erkennbaren neurophysiologischen Phänomen, könnte sie unter Umständen durch eine geeignete Chemotherapie, eine Diät oder einen chirurgischen Eingriff völlig zu heilen sein.

Diese Forscher sahen sich in ihrer Ansicht bestärkt, als der Nachweis gelang, daß durch Überdosen gewisser Drogen oder durch einen extremen Mangel an Vitaminen, wie Thiamin und Riboflavin, schwere Geisteskrankheiten verursacht werden können. In solchen Fällen kann der Krankheitszustand meist durch ein Vermeiden der toxischen Substanz oder durch eine entsprechende Diät behoben werden. Die toxische Therapie und die Mangeltherapie sind noch relativ wenig verbreitet, doch spricht für sie die Möglichkeit eines Zusammenhangs zwischen körperlichen und psychologischen Erscheinungen.

Der Begriff des Allgemeinen Adaptationssyndroms

Die Arbeit von Selye (1956) hat auch der Suche nach den physiologischen Grundlagen der Geisteskrankheiten neuen Auftrieb gegeben. Sein Begriff des Allgemeinen Adaptationssyndroms (General Adaptation Syndrome = GAS) bezieht sich zwar in erster Linie auf körperliche Krankheiten, doch wurde er theoretisch auch auf die Gemüts- und Geisteskrankheiten ausgedehnt. Das GAS hat drei Stadien:

1. Die »Alarmreaktion«, eine allgemeine, nichtspezifische Aktivation der im Organismus ablaufenden Prozesse, welche den Zweck hat, eine körperliche Krankheitserscheinung wieder in Ordnung zu bringen.
2. Das »Widerstandsstadium«, während dessen das Körpersystem,

das am besten geeignet ist, mit der Lage fertig zu werden, besonders aktiv wird.

3. Das »Erschöpfungsstadium«, das entsteht, wenn das Widerstandsstadium versagt. Es ist dadurch charakterisiert, daß sich die Reaktion auf weitere Körpersysteme ausbreitet.

Angenommen, der Körper erleidet eine Verletzung, so geht eine Adrenalinreaktion mit dem Schmerz Hand in Hand, die zahlreiche Körpersysteme anregt, aktiv zu werden. Falls eine Infektion der Wundstelle droht, konzentrieren sich weiße Blutkörperchen, um sie zu bekämpfen, und es wird Plasmahydrokortison angehäuft, um die Wiederherstellung des verletzten Gewebes zu beschleunigen. Falls diese Reaktionen keinen Erfolg haben, breitet sich die Infektion im Blutkreislauf aus und veranlaßt, daß noch weitere Systeme eingeschaltet werden. Die Körpertemperatur steigt, der Herzschlag wird beschleunigt und so weiter. Versagen auch diese »Auswege«, so führt dies schließlich zum Tod des Organismus.

Nach Selye sind viele Krankheiten, einschließlich Nerven- und Geisteskrankheiten, eine Folge des *allgemeinen* Adaptationssyndroms. Doch bezieht sich Selye dabei auf die seltenen Fälle, bei denen eine vorübergehende Geistesverwirrung oder eine Gehirnschädigung von einem gestörten hormonellen Gleichgewicht herrühren. Er hat nie behauptet, daß die sogenannten funktionellen Gemütskrankheiten wie die Schizophrenie oder Angstneurose – Krankheiten ohne bekannte organische Ursachen – ebenfalls auf dem GAS beruhen.
Von einem allgemeinen Adaptationssyndrom kann man theoretisch auch bei Angst und bei Gemütskrankheiten sprechen, wie zum Beispiel Fox und seine Mitarbeiter (1957) anregten. Die Alarmreaktion ist dann das Erlebnis der Angst selbst – das »Gefahrsignal«, wie Freud sich ausdrückte. Das Widerstandsstadium entspricht der Mobilisierung und dem Einsatz des Abwehrmechanismus. Das Erschöpfungsstadium ist schließlich dem Zusammenbruch der Abwehrmaßnahmen, dem Überwältigtwerden des Betreffenden durch die Angst mit seinen psychopathologischen Symptomen analog. Tatsächlich braucht zwischen dem physiologischen Begriff und dem psychologischen Begriff des GAS keinerlei Beziehung zu bestehen, die auffallende Parallele hat jedoch den Forschern, die nach physiologischen Ursachen der Gemütskrankheiten suchten, besonderen Auftrieb gegeben.

Physiologische Untersuchungen der Angst

Die konventionelle Methodologie des Studiums der physiologischen Korrelate der Geisteskrankheiten besteht in der Gegenüberstellung psychiatrischer Patienten und normaler Kontrollpersonen. Da der Geisteskranke in seinem Verhalten am stärksten von der Norm abweicht, stand er stets im Brennpunkt des Interesses. Es gibt eine große Zahl von Arbeiten über die Schizophrenie, die verbreitetste Psychose. Die von den Forschern am häufigsten untersuchten Körpersysteme sind die Gehirnströme, wie sie im Elektroenzephalogramm aufgenommen werden, und die Komponenten des Blutkreislaufs. Im ganzen gesehen sind die Resultate enttäuschend. Man sollte annehmen, daß die elektrische Tätigkeit des Gehirns ein geeignetes Phänomen für die Forschung wäre. Aber auf jedes positive Untersuchungsergebnis kommt wenigstens ein entsprechendes negatives, von den nie veröffentlichten ganz zu schweigen. Das Fehlen definitiver Erkenntnisse bildet für die Verfechter der physiologischen Ursachen der Geisteskrankheiten ein ernstes Handikap.

Im menschlichen Blut befinden sich zahlreiche Substanzen, und in dem Maß, wie die biochemischen Prüfmethoden sich verfeinern, werden jedes Jahr immer neue isoliert. In regelmäßigen Abständen erscheint ein dramatischer Bericht, der behauptet, daß im Blut schizophrener Patienten eine neu isolierte chemische Substanz oder ein neues Hormon in exzessiven Quantitäten entdeckt worden sei. Dann versuchen jedesmal andere Forscher, diese Entdeckung zu reproduzieren, und da ihnen dies nicht gelingt, wird sie schließlich unter die merkwürdigen Zufälle eingereiht, die den Wissenschaftler zum Narren halten.

Alles in allem sind die Forscher, die sich mit den physiologischen Ursachen der Geisteskrankheiten befassen, noch zu keinen endgültigen Ergebnissen gelangt. Ob es ihnen noch gelingen wird, ist eine Frage, die nur durch weitere Experimente beantwortet werden kann.

VII. Die Angst und das Lernen

Von welcher Seite man das menschliche Leben auch immer betrachtet, stets stößt man auf das Auf- und Abwogen der Angst. Ihr Einfluß auf das Verhalten zeigt sich in jedem Augenblick und im Gesamtverlauf des menschlichen Lebens. Der Kliniker untersucht ihre Wirkungen über längere Zeiträume hin, doch sind diese nur schwer zu fassen. Es schleichen sich häufig Erinnerungsfehler ein. Hinzu kommt die Ungenauigkeit der verbalen Kommunikation. Der Experimentator, der sich nach den Erfordernissen der wissenschaftlichen Methodologie richten muß, beschränkt seine Untersuchungen über die Angst gewöhnlich auf die unmittelbare Gegenwart. Er untersucht seinem Versuchsplan entsprechend eine bestimmte Verhaltensweise oder eine Standardleistung. Gelegentlich dient seine Untersuchung einem praktischen Zweck, meist jedoch ist er an einem bestimmten Konstrukt interessiert und sieht in der Leistung eine operationale Definition. Ein solches Konstrukt, das im menschlichen Leben von großer Bedeutung ist, ist *das Lernen.*

Eine Definition des Lernens

»Lernen« ist ein sehr häufig gebrauchtes Wort. Es gehört zu denen, von denen man gemeinhin glaubt, sie bedürften keiner Definition. Trotzdem war die Psychologie, die Wissenschaft, welche sich am meisten mit dem Lernen beschäftigt hat, bisher nicht in der Lage, eine völlig annehmbare, gemeinverständliche Definition für das Lernen zu finden. Einige Definitionen sind so weitgespannt, daß sie fast alle menschlichen Verhaltensweisen unter allen nur möglichen Umständen umfassen. Andere sind zu eng, um gewisse Verhaltensweisen einzuschließen, die von vielen Theoretikern ebenfalls als Beispiele für das Lernen angesehen werden.

Die meisten Theoretiker sind sich einig, daß eine Gelegenheit, eine bestimmte Verhaltensweise einzuüben, gegeben sein muß, bevor man von Lernen im eigentlichen Sinn sprechen kann, oder daß wenigstens der Zeitfaktor mitspielen muß. Aber selbst das hilft nicht viel weiter. Übung kann der Lernsituation vorangegangen oder in sie eingebaut sein. Die Versuchsperson bringt ihre Erfahrungen aus der Vergangenheit in die Experimentalsituation mit. Zu diesen Erfahrungen gehört mit einiger Wahrscheinlichkeit auch die Übung in mannigfachen Verhaltensformen, die man für ein Lernexperiment im Laboratorium benötigt. Zuweilen baut der Experimentator den Übungsfaktor absichtlich ein, indem er die Leistung in Einzelversuche aufteilt. Ein Einzelversuch besteht in einer einzigen Vorführung des zu lernenden Stoffes und seiner darauf folgenden Ausführung durch die Versuchsperson. Auch der Zeitfaktor kann dabei eine Rolle spielen, wenn zum Beispiel eine Aufgabe wiederholt zu absolvieren ist und beträchtliche Zeit in Anspruch nimmt.

Der Unterschied zwischen Lernen und *Leistung* ist verschwommen. Das Lernen muß operational durch die Leistung definiert werden, doch ist nicht immer sicher, wann eine Leistung ein Paradigma des Lernens ist. Die einflußreichsten Theorien über den Einfluß der Angst auf das Lernen machen keinen deutlichen Unterschied. Der Unterschied zwischen Lernen und Gedächtnis ist ähnlich vage. Soll eine Übung Erfolg haben, gehört Gedächtnis in irgendeiner Form dazu. Es ist buchstäblich unmöglich, sich ein vom mnemonischen Prozeß völlig unabhängiges Lernen vorzustellen. Beide Konstrukte sind so eng miteinander verwandt, daß man sie untereinander austauschen könnte. Mit welchem Etikett man ein Konstrukt versieht, scheint mehr als alles andere der Mode unterworfen zu sein. In den Anfangszeiten der Psychologie war das Gedächtnis ein wichtiges Konstrukt. Viele Experimente, die man heute als »Lernstudien« bezeichnet, wären früher in die Rubrik »Gedächtnis« eingeordnet worden. Gedächtnis als Konstrukt ist heute praktisch aus der Experimentalliteratur verschwunden.
Das Lernen wird definiert als eine *relativ dauerhafte Veränderung des Verhaltens aufgrund früherer Erfahrungen.* Zu Versuchszwekken werden diese früheren Erfahrungen alle oder fast alle im Rahmen des Experiments gewonnen. Gewöhnlich, wenn auch nicht ausschließlich, wird das Lernen an der Vergrößerung oder Verbesserung der Leistung während einer bestimmten Zeit gemessen.
Diese Definition ist ein Notbehelf und würde zweifellos einer kritischen Analyse nicht standhalten, doch hat sie den Vorteil, daß sie auf die meisten der in diesem Kapitel beschriebenen Experimente einigermaßen anwendbar ist.

Das Messen von Lernleistungen im Laboratorium

Das Lernen ist wahrscheinlich öfter als jedes andere Phänomen untersucht worden, wenn wir sowohl Experimente mit Tieren als auch solche mit Menschen dazurechnen. Man hat einen weiten Verhaltensbereich erforscht und viele Methoden und Verfahren angewandt. Eine umfassende Diskussion würde den Rahmen dieses Kapitels sprengen, doch dürfte es sich empfehlen, zunächst einige typische Methoden der experimentellen Untersuchung des Einflusses der Angst auf das Lernen kurz zu beschreiben.
Eine weit verbreitete Art von Experimenten befaßt sich mit dem *verbalen Lernen.* Die Aufgabe besteht darin, Listen von Wörtern oder Silben auswendig zu lernen. Einige Experimentatoren benutzen dazu *sinnlose Silben*, Buchstabenkombinationen wie vij oder

ceq, die kein verständliches Wort ergeben. Diese sinnlosen Silben haben den Vorteil, daß die Versuchspersonen mit ihnen kaum zuvor in Berührung gekommen sein dürften.

Zu einer anderen Art von Lernexperimenten gehört die *Konditionierung*, die etwa mit dem Lernen durch Assoziation gleichzusetzen ist. Es gibt verschiedene Formen der Konditionierung. Eine bei Lernexperimenten häufig angewandte befaßt sich mit dem *Korneareflex*, den die Psychologen gewöhnlich als *Lidschlußreflex* oder *Blinzelreflex* bezeichnen.

Als Schutzvorrichtung blinzelt das Augenlid oder schließt es sich teilweise, sobald ein Reiz die Hornhaut trifft. Dieser Blinzelreflex kann leicht dadurch hervorgerufen werden, daß man einen feinen Luftstrom gegen das Auge bläst. Die Konditionierungstechnik besteht dann darin, daß eine Assoziation zwischen dem Luftstrom und einem anderen Reiz – meist einem akustischen, wie zum Beispiel dem Geräusch eines Summers – hergestellt wird. Zuerst ertönt der Summer, dann folgt der Luftstrom fast im gleichen Moment. Daß eine Konditionierung eingetreten ist, zeigt sich daran, daß der Lidreflex beim Geräusch des Summers auch ohne den Luftstrom eintritt.

Einige Subtests der Adult-Intelligence-Skala von Wechsler werden als Versuchsaufgaben mit intellektuellen Faktoren benutzt. Der gebräuchlichste ist in diesem Zusammenhang der Zahlensymboltest.

Dabei erhält die Versuchsperson einen Schlüssel, auf dem die Zahlen von eins bis neun und zu jeder Zahl ein einfaches Symbol verzeichnet sind. Die Aufgabe besteht darin, in freie Kästchen unter den Ziffern jeweils das richtige Symbol einzutragen, wobei diese Ziffern in verschiedener zufälliger Reihenfolge nebeneinander angeordnet sind. Die Versuchsperson hat die Möglichkeit, zwischendurch einen Blick auf den Schlüssel zu werfen.

Bei den meisten Aufgaben läßt sich das Lernen auf verschiedene Weise messen:

1. anhand der Fehlerzahl bei einer bestimmten Anzahl von Einzelversuchen;
2. anhand der Zahl der richtigen Antworten bei einer bestimmten Anzahl von Einzelversuchen;
3. anhand der Zahl der Einzelversuche, die zur Erreichung einer einwandfreien Leistung oder eines bestimmten Richtigkeitsgrads benötigt wurden;
4. anhand der zur Lösung der Aufgabe erforderlichen Zeit.

Theorien über die Wirkung der Angst auf das Lernen

In der Psychologie ist es üblich, das Studium des menschlichen Verhaltens in verschiedene Bereiche aufzugliedern, wie Wahrnehmung, Motivation und Lernen. Darüber sollte aber die Tatsache nicht übersehen werden, daß das menschliche Verhalten etwas Einheitliches ist. Trotzdem legen die Theoretiker ein verschieden großes Gewicht auf die einzelnen Forschungsbereiche. Die Psychoanalytiker zum Beispiel interessieren sich vorwiegend für die Motivation und kaum für das Lernen. Das Studium des Lernens und die Formulierung der Lerntheorien waren weitgehend das Werk der Experimentalpsychologen. Es ist daher nicht verwunderlich, daß in der Literatur keine psychoanalytische Stellungnahme zur Auswirkung der Angst auf das Lernen zu finden ist, und ebensowenig setzt es in Erstaunen, daß die wenigen Theorien, welche genügend ausgearbeitet sind, um ernsthaft in Erwägung gezogen zu werden, aus der Experimentalpsychologie stammen.

Die Angst als Energieantrieb

Die Iowa-Theorie

Zahlreiche experimentelle Untersuchungen über die Auswirkung der Angst auf das Lernen sind an der Universität von Iowa unter der Leitung oder dem Einfluß des früheren Vorsitzenden ihrer psychologischen Fakultät, Kenneth W. Spence, durchgeführt worden. Die Iowa-Forschungen, wie die von Dollard und Miller, stehen unter dem Einfluß der Theorien von Hull, doch weisen sie einige wichtige Abweichungen und Ergänzungen auf.

Spence (1960) faßt die Angst als einen erworbenen Antrieb auf, der die Fähigkeit besitzt, dem Organismus allgemeine Energie zuzuführen. Man sollte daher annehmen, daß Angst die Leistung erleichtert und das Lerntempo steigert. Der Kliniker denkt dabei an den spannungsgeladenen, »sprunghaften« Patienten, der auch auf geringe Reize schnell und intensiv anspricht.

Die Theorie von Spence ist einfach, wenn es sich um Lernsituationen handelt, bei denen nur eine einzige Reaktion möglich ist, wie es bei der Konditionierung eines Reflexes – zum Beispiel des Augenlidreflexes – der Fall ist. Der Betreffende reagiert dann entweder auf den konditionierten Reiz mit dem Reflex, oder er reagiert nicht. Er kann nicht unter verschiedenen Reaktionen wählen. In einer solchen Situation dürfte ein hohes Angstniveau das Lernen erleichtern, da es den Betreffenden antreibt, schneller zu reagieren.

Die Lernsituation mit nur einer einzigen Reaktionsmöglichkeit kommt im menschlichen Leben jedoch nicht oft vor. Meist hat man zahlreiche Reaktionsmöglichkeiten. Jede dieser Reaktionstendenzen oder »Habits«[10] weist eine bestimmte Stärke auf oder tritt mit einer bestimmten Wahrscheinlichkeit ein, was von den früheren

Erfahrungen des Betreffenden abhängt. Diese Reaktionen können theoretisch je nach der Stärke des Habits in einer *Hierarchie* angeordnet werden.
Die Theorie von Spence behauptet, daß die Angst jedem Habit in dieser Hierarchie proportional zu seiner ursprünglichen Stärke Energie zuführt. Diese Beziehung ist multiplikativ.

Hat zum Beispiel von zwei Reaktionstendenzen H_1 eine Anfangsstärke von drei und H_2 eine Anfangsstärke von vier und ist die Stärke der Angst als Antriebsenergie gleich zehn, so wird in der Lern- oder Leistungssituation der durch die Antriebsenergie gesteigerte Wert von $H_1 = 3 \times 10 = 30$ und der von $H_2 = 4 \times 10 = 40$. Der absolute Unterschied der Werte von H_1 und H_2 steigt von eins auf zehn. So wird H_2 mit größerer Wahrscheinlichkeit zustande kommen, als es ohne die energiespendende Wirkung der Angst erreicht worden wäre.

Bei gewissen Lernsituationen ist die Tendenz zur richtigen Antwort bei den meisten Menschen von Anfang an groß.

Besteht zum Beispiel die Aufgabe darin, das Wort *niedrig* mit dem Reizwort *hoch* assoziieren zu lernen, so sind die meisten schon früher anderen Assoziationen zu diesem Reizwort begegnet, zum Beispiel *hoch-Berg*, *hoch-Turm* usw. Die Assoziation mit »niedrig« ist ihnen aber zweifellos in der Vergangenheit weit öfter begegnet und besitzt daher die größere Habitstärke. Die Angst wird die richtige Antwort stärker antreiben als die unrichtigen und wird daher das Lerntempo beschleunigen.

Diese spezielle Lernaufgabe ist zweifellos sehr leicht. Man kann eine »einfache Aufgabe« so definieren, daß man sagt, die richtige Antwort rangiere bei den meisten Menschen hoch in der Habithierarchie. Das meiste menschliche Lernen ist aber komplex. Eine komplexe Situation ist dadurch gekennzeichnet, daß in ihr eine ganze Anzahl konkurrierender Reaktionstendenzen mitwirken, die sämtlich in bezug auf die Habitstärke schwach sind. Die Wirkung der Angst als Energieantrieb besteht dann darin, daß sie die Habitstärke der vielen unrichtigen Antworttendenzen auf Kosten der einzig richtigen Antwort vergrößert. So geht hier das Lernen langsamer. Bei genügender Übung wird die richtige Antwort früher oder später öfter erfolgen, und sie wird in der Habithierarchie allmählich nach oben rücken. Geschieht dies, so wird die Antriebswirkung die Habitstärke dieser Antwort immer mehr vergrößern, bis schließlich ein Punkt erreicht ist, wo das Lernen erleichtert wird.
Auf eine einfache mathematische Formel gebracht, ist die Wirkung der Angst auf jede beliebige Reaktionstendenz:

R(esponse bzw. Reaktion) = D(rive bzw. Antrieb) × H(abit strength bzw. Habitstärke).

Freilich war Spence nicht in der Lage, eine Gleichung aufzustellen, nach der die Wirkung der Angst in einer Lernsituation mit mehr als einem Habit vorauszuberechnen wäre. Der Grund liegt in der Schwierigkeit, Habithierarchien für Lernaufgaben aufzustellen. Die Habithierarchie dürfte nämlich eine Funktion der früheren Erfahrungen des einzelnen und daher für jede Aufgabe und jede Gruppe von Personen verschieden sein. Eine Untersuchung der Wirkung der Angst als Antriebsenergie bei komplizierten Lernaufgaben wäre daher selbst eine äußerst komplizierte Aufgabe. Es ist einfacher, die Aufgabe selbst zu untersuchen, und ein großer Teil der in Iowa durchgeführten Versuche besteht daher auch im Messen der Wirkung der Angst als Funktion der Aufgabenschwierigkeit.

Die Angst als situationsbedingte Reaktion

Die Yale-Theorie

In der Iowa-Theorie spielt die Angst offensichtlich die Rolle einer konstanten Charaktereigenschaft oder eines Wesenszugs des Menschen. Die ausschließliche Benutzung der MAS zur Messung des Energieantriebs weist darauf hin, daß die Erregung von Angst bei zur Angst neigenden Personen primär als Funktion eines Persönlichkeitsmerkmals und erst sekundär als Funktion äußerer Reize angesehen wird. Eine entgegengesetzte Meinung vertreten Yale-Psychologen unter Führung von Mandler und Sarason (Mandler und Sarason, 1952; Sarason u.a., 1960).

Charakteristisch für die Auffassung der Yale-Richtung sind folgende Punkte:

1. Die Angst ist ein starker, erlernter Antrieb, der durch bestimmte Situationen hervorgerufen wird. Ein besonderer Umstand oder eine Klasse von Umständen kann auf jemand einen Streß ausüben, auch wenn er nicht durch andere Situationen zuvor ängstlich gemacht wurde. Verschiedene Menschen können auf die gleichen Umstände verschieden reagieren.
2. Der einzelne hat charakteristische Angstreaktionen erlernt oder entwickelt, die er in die aktuelle Situation mitbringt. Diese Reaktionen können *Aufgaben-irrelevant*, d.h. so beschaffen sein, daß sie die Leistung stören. Beispiele hierfür sind Unzulänglichkeitsgefühle, Angst vor Versagen, der Wunsch, sich der Situation zu entziehen. Oder sie können *Aufgaben-relevant* sein und die Leistung erleichtern, indem sie den Betreffenden veranlassen, durch erfolgreichen Abschluß der Aufgabe seine Angst zu verringern.
3. Die Wirkung der Angst ist auch eine Funktion von solchen situationsbedingten Faktoren, wie der Haltung des Experimentators

oder Lehrers und der Bedeutung der Aufgabe in den Augen der Testperson. Diese Faktoren haben größere Bedeutung als die Komplexität oder Schwierigkeit der Aufgabe selbst.

4. Es existiert auch eine allgemeine Ängstlichkeit, doch ist die Verhaltensforschung noch nicht in der Lage, diese zu erforschen. Es ist zunächst erforderlich, wichtige situationsbedingte Formen der Angst gründlich zu untersuchen.

Nach der Yale-Theorie sollte das Studium der Angst mit der eingehenden Untersuchung spezifischer Streßsituationen beginnen. Theoretisch könnte man sich unter einer unbegrenzten Zahl solcher Streßsituationen eine aussuchen, doch dürfte dies wahrscheinlich häufig wenig einbringen. Kaum einer von uns hat sich jemals einem angreifenden Löwen gegenübergesehen oder am Dachrand eines hohen Gebäudes vor Angst zitternd gestanden. Auch sind solche Situationen nicht künstlich herbeizuführen. Auf der Suche nach einer für ein gründliches Studium geeigneten Streßsituation ließen sich die Yale-Forscher von der stillschweigenden Überlegung leiten, daß in unserer leistungsorientierten Gesellschaft von früher Jugend an größter Wert auf Erfolg gelegt wird. Eine Aufgabe nicht zu lösen, zu versagen, einen Leistungsstandard nicht zu erreichen, wird als höchst unerwünscht angesehen. Angst vor dem Versagen wird zu einem allgegenwärtigen Phänomen. Diese Angst wird von manchen Forschern als *Leistungsangst* bezeichnet.

Viele spezifische Situationen können Leistungsangst hervorrufen je nach den persönlichen Zielen und Wertmaßstäben des einzelnen. Obwohl die Leistungsangst einen engeren Bereich umfaßt als die allgemeine Ängstlichkeit, war sie den Theoretikern von Yale immer noch ein zu weiter Begriff.

Sie wählten als enger begrenzten Begriff die *Testangst* als Studiengebiet. In diesem Kontext handelt es sich beim »Test« in erster Linie um den Prüfungstest, wie er im Schulzimmer üblich ist. Wir haben fast alle Tests zu bestehen gehabt, einige von uns sogar recht häufig und über einen längeren Zeitraum hin. Nach Ansicht der Yale-Gruppe (Sarason u. a., 1960) ist die Testangst eine »fast universelle« Erfahrung, besonders in den Vereinigten Staaten, wo das Bestehen von Tests für den einzelnen von großer Bedeutung ist und den Verlauf seines Lebens unter Umständen nachhaltig beeinflussen kann.

Wenn man der Annahme zustimmt, daß der fruchtbarste Weg zu einer Analyse der Angst von dem Studium spezifischer Streßsituationen ausgeht, so erscheint die Testangst in der Tat als ideales Forschungsgebiet, und selbst wenn man sich nicht zu dieser Annahme bekennt, dürfte sich das Studium der Testangst als Selbstzweck empfehlen.

Das Yerkes-Dodsonsche Gesetz

Ein wissenschaftliches Gesetz oder Prinzip ist die Feststellung einer grundlegenden Beziehung in der Natur. Eine experimentelle Entdeckung muß unanzweifelbar verifiziert sein, bevor man sie als Gesetz bezeichnen kann. Die Verhaltensforschung hat wahrscheinlich noch keine Resultate erbracht, welche diese anspruchsvolle Bezeichnung rechtfertigen würden. Wenn sie sie trotzdem gelegentlich auf eine bestimmte Beziehung anwendet, so spiegelt sich darin vielleicht mehr das Streben einer jungen Wissenschaft nach Mündigkeit als die Unanfechtbarkeit der Entdeckung.

Einem echten wissenschaftlichen Prinzip besonders nahe kommt das sogenannte *Yerkes-Dodsonsche Gesetz* (Yerkes und Dodson, 1908). Es ist eine der ersten experimentell belegten Feststellungen der Beziehung zwischen Antrieb und Lernen wenigstens bei infrahumanen Säugetieren. Im wesentlichen behauptet das Yerkes-Dodsonsche Gesetz, daß die Beziehung zwischen der als Antrieb aufgefaßten Angst und dem Lernen den Charakter *einer kurvenlinearen Funktion* hat. Ein niedriges Antriebsniveau erleichtert das Lernen nur geringfügig oder gar nicht, wahrscheinlich weil die Motivation, die es erzeugt, nicht ausreicht, die Leistung zu beeinflussen. Ein hohes Antriebsniveau beeinflußt den Lernprozeß dahingehend, daß die Leistung der bei einem niedrigen Antriebsniveau erreichten gleicht oder geringer wird als diese. Das Antriebsniveau, das zu einer optimalen Leistung führt, liegt irgendwo im mittleren Bereich der Antriebsintensität.

Nach diesem Gesetz ist die Beziehung zwischen Antrieb und Leistung außerdem eine Funktion der Komplexität der Aufgabe. Das optimale Antriebsniveau liegt höher, wenn die Aufgabe einfach ist, als wenn sie kompliziert ist. Ein Antriebsniveau, das bei einer einfachen Aufgabe die Leistung erleichtert, kann sie stark beeinträchtigen, wenn die Aufgabe schwieriger ist.

Wird eine Leistung an den Fehlern, an der für die Aufgabenlösung erforderlichen Zeit oder der Zahl der erforderlichen Versuche gemessen, so ist die Kurve, welche diese Beziehung wiedergibt, U-förmig. Sie hat die Form eines umgekehrten U, wenn sie an der Zahl der richtigen Antworten innerhalb einer festgesetzten Zeit oder bei einer festgelegten Anzahl von Versuchen gemessen wird.

Das Yerkes-Dodsonsche Gesetz bezieht sich auf die vorübergehende oder situationsbedingte Angst als Antriebskraft. Es ist bis jetzt nicht klar, ob das Prinzip theoretisch auch für allgemeine

Ängstlichkeit gilt. Eine Untersuchung von Matarazzo und seinen Mitarbeitern (1955) spricht für diese Möglichkeit.

Diese Forscher teilten 101 männliche Versuchspersonen in sieben Gruppen entsprechend ihren MAS Punktzahlen ein. Personen mit Punktzahlen von 1 bis 5 stellten die Gruppe 1 und solche mit Punktzahlen von 31 bis 35 die Gruppe 7, während die andern Teilnehmer in ähnlicher Weise dazwischen gruppiert waren. Die Testpersonen hatten die Aufgabe, sich in einem Stäbchenlabyrinth zurechtzufinden, wobei das Kriterium drei aufeinanderfolgende richtige Lösungen waren. Am schnellsten wurde diese Aufgabe von Personen mit MAS Punkten im mittleren Bereich gelöst, die mit den hohen und niederen Punktzahlen lernten relativ langsamer.

Es spricht viel dafür, daß das Yerkes-Dodsonsche Gesetz auf menschliches Lernen und menschliche Leistung angewandt werden kann. Ein geringes Maß an Angst genügt nicht, um die Leistung zu fördern. Ein mäßiges Maß treibt den Menschen an und verbessert hierdurch seine Leistung. Bei einem weiteren Anwachsen der Angst ist mit nachteiligen Folgen zu rechnen. Wir stoßen auf vielen Gebieten menschlicher Bemühungen auf diese Beziehung und werden ihr in den folgenden Kapiteln noch mehrmals begegnen.

Einige Faktoren, welche die Beziehung zwischen Angst und Lernen beeinflussen

Schwierigkeit der Aufgabe

Viele Experimente haben sich schon mit der Wirkung der Angst auf das Lernen als einer Funktion der relativen Schwierigkeit der Lernaufgabe beschäftigt. Nach der Iowa-Theorie müßte die Angst die Leistung bei einfachen Aufgaben durch ihre antreibende Wirkung erleichtern, und sie müßte aufgrund konkurrierender Reaktionstendenzen das Lernen bei komplizierten Aufgaben beeinträchtigen. Die Yale-Theoretiker nehmen hierzu keinen klaren Standpunkt ein, da sie in der Aufgabenschwierigkeit keine Variable sehen, die einen nennenswerten Einfluß auf das Lernen hat. Man könnte aus ihrer Auffassung schließen, daß die Angst vor einem Versagen selbst eine Funktion der relativen Schwierigkeit der Aufgabe ist. Die Angst vor einem Versagen ist größer, wenn die Aufgabe kompliziert ist, als wenn sie einfach ist. Daher sollte man annehmen, daß Aufgaben-irrelevante Reaktionen bei schwierigen Aufgaben häufiger vorkommen und die Leistung beeinträchtigen. Bei einfachen Aufgaben dagegen dürfte die Leistung unbeeinträchtigt bleiben.

Beim Studium der Experimentalliteratur, die sich mit der Auswirkung der Schwierigkeit der Aufgabe beschäftigt, stoßen wir jedoch sofort auf ein Problem. Die Anwendung des Adjektivs »einfach« auf eine Aufgabe bringt merkwürdige Schwierigkeiten mit sich, da dieses Wort verschiedene Bedeutungen hat. Bei Aufgaben mit nur einer möglichen Reaktion, wie zum Beispiel beim Reflex, ist das Lernen offensichtlich einfach. Auch bei einer Aufgabe mit sehr vielen Antwortmöglichkeiten kann man es als einfach ansehen. Nach der Ansicht von Spence ist eine Aufgabe dann einfach, wenn die richtige Antwort in der Habithierarchie von Anfang an hoch rangiert.

Die richtige Antwort zu der Additionsaufgabe 2 + 2 = ? besitzt zweifellos für fast jedermann eine weit größere Habitstärke als irgendeine andere der unendlich vielen anderen Antwortmöglichkeiten.

Offensichtlich kann man ein solches Problem nicht als Lernmaßstab benutzen, da jedermann es bei jedem Versuch, einschließlich des ersten, sofort richtig lösen wird. Abgesehen von solchen unbrauchbaren Aufgaben, ist es ein heikles Problem, die Position der richtigen Antwort in der Habithierarchie vor der Durchführung des Experiments zu bestimmen.
Eine Möglichkeit, unsere Unkenntnis der jeweiligen Habithierarchien zu umgehen, wäre, »einfach« im Gegensatz zu »kompliziert« zu definieren.

Differentialgleichungen sind notorisch schwieriger zu lösen als Divisionsaufgaben. Es ist leichter, »cat« als »serendipity« richtig buchstabieren zu lernen.

Im folgenden wollen wir auf verschiedene Versuchsberichte, die sich mit der Wirkung der Angst auf einfache Lernvorgänge befassen, näher eingehen.

Das Lernen mit nur einer Reaktionsmöglichkeit

Taylor hat 1951 gezeigt, daß Personen mit hohen MAS Punktzahlen den Augenlidreflex schneller konditionieren als Versuchspersonen mit niedrigen MAS Punktzahlen – was zahlreiche andere Forscher, darunter auch Spence (1964) bestätigten. Aus der Übersicht von Spence geht hervor, daß 21 von 25 Tests dieses Ergebnis erbrachten, ein Umstand, worin er eine »starke Bestätigung« seiner Theorie sah, daß die Angst einen energiespendenden Antrieb darstellt.
Nun ist aber der Augenlidreflex eine defensive, einer Vermeidung dienende Erscheinung, ein Ausweg der Natur, das Auge vor möglichen Verletzungen zu schützen. Hilgard und seine Mitarbeiter stellten 1951 die Theorie auf, daß zur Ängstlichkeit neigende Per-

sonen den Augenlidreflex deshalb *spezifisch* schneller konditionieren, weil sie größere Angst vor körperlichen Schmerzen haben, und nicht aufgrund der energiespendenden Wirkung der Angst. Daher ist es notwendig, die Theorie von Spence daraufhin zu überprüfen, wie die Angst sich auf das Lernen mit nur einer Reaktionsmöglichkeit auswirkt, wenn der Reflex nicht der Abwehr dient. Obwohl es natürlich viele solche Reflexe gibt, ist leider keiner so wie der Augenlidreflex für Konditionierungsexperimente mit Menschen im Laboratorium geeignet.

Bindra u. a. haben 1955 die Konditionierung eines nicht der Abwehr dienenden Reflexes untersucht. Sie versuchten, den Speichelreflex des Mundes mit dem Klang einer Türglocke zu konditionieren. Die Testpersonen wurden durch den Anblick eines Lutschbonbons zur Speichelsekretion angeregt; die abgesonderte Speichelmenge wurde von einem Wattepfropfen im Mund aufgesaugt und dann gemessen. Bei diesem Test zeigten Versuchspersonen mit hohen und niedrigen MAS Punktzahlen keine Veränderung der abgesonderten Speichelmenge.

Obwohl sich aus dieser Feststellung kaum definitive Schlüsse ziehen lassen, spricht sie doch für die Richtigkeit der Theorie von Hilgard und seinen Mitarbeitern, daß die Wirkung von Angst auf das Konditionierungstempo beim Augenlidreflex eher spezifisch als allgemein ist. Sie läßt auch einen gewissen Zweifel an der Spenceschen Theorie von der Angst als Energieantrieb aufkommen.

Das Lernen mit mehreren richtigen Reaktionsmöglichkeiten

Die Wirkung der Angst bei einfachen Lernvorgängen wie bei Aufgaben, bei denen es viele richtige Antwortmöglichkeiten gibt, geht aus einer Untersuchung von Davids und Eriksen (1955) hervor.

Die Aufgabe bestand darin, zu jedem von hundert gebräuchlichen Substantiven »Kettenassoziationen« zu bilden, d. h. es waren jeweils alle verschiedenen Wörter aufzuschreiben, die einem einfielen, sobald das Reizwort gegeben wurde. *Jedes* beliebige Wort wurde dabei als richtige Antwort bewertet. Die Leistung wurde an der Zahl der Antworten gemessen.

Davids und Eriksen fanden eine bedeutsame positive Korrelation zwischen der Zahl der Assoziationen zu allen Reizworten und den MAS Punktzahlen. Man kann daraus schließen, daß die Neigung zur Angst die Leistung bei solchen einfachen Aufgaben erleichtert. Man könnte hinzufügen, daß sich das Experiment von Davids und Eriksen mehr auf die Leistung als auf das Lernen bezog, da sie nur *einen* Versuch durchführten. Es ist nicht sicher, ob eine Verallgemeinerung auf das übliche Lernen mit vielen Versuchen zulässig ist, doch weist dieses Experiment wenigstens zum erstenmal darauf hin, daß die allgemeine Ängstlichkeit das Lernen tatsächlich erleichtert.

Intelligenz

Der größte Teil des Lernens, das sich außerhalb des Laboratoriums des Psychologen vollzieht und eine Bedeutung für das menschliche Leben besitzt, wird außer durch die Angst noch durch mannigfache andere Faktoren beeinflußt. Einer der wichtigsten, wenn nicht der allerwichtigste, ist die allgemeine Intelligenz.
Man kann von niemand erwarten, daß er etwas lernt, was – ganz abgesehen vom Antriebs- oder Angstniveau – über sein allgemeines Verständnis hinausgeht. Man kann sagen, daß *im Durchschnitt* eine Beziehung zwischen der Schwierigkeit der Aufgabe und der Wirkung der Angst auf das Lernen besteht. Im *individuellen Fall* hängt die Schwierigkeit selbst jedoch von der Intelligenz des Betreffenden ab. Eine Aufgabe, die für jemand mit dem Intelligenzquotienten 80 schwierig ist, wäre für jemand mit dem IQ 125 leicht. Eine für letzteren schwierige Aufgabe würde völlig über die Fähigkeiten der Person mit den niedrigen Intelligenzquotienten hinausgehen.

Ruebush hat 1960 experimentell festgestellt, daß ängstliche Kinder bei der relativ komplizierten Aufgabe, eine Figur in einem Liniengewirr zu erkennen, bessere Leistungen aufwiesen. Dies könnte darauf zurückzuführen sein, daß sie langsamer und vorsichtiger an die Aufgabe herangingen. Daß seine Ergebnisse nur auf Kinder mit einem niedrigen und mittleren Intelligenzquotient zutrafen, ist nicht weiter erstaunlich. Die ängstlichen Kinder lösten mehr diesbezügliche Aufgaben, da diese eine Herausforderung an sie darstellten. Waren die Testpersonen jedoch von hoher Intelligenz, so war der Intelligenzfaktor bei ihnen derart vorherrschend, daß er die Wirkung der Angst auf das Lernen aufhob.

Der Einfluß der Intelligenz auf das Lernen wurde 1959 noch deutlicher von Spielberger und Katzenmeyer demonstriert, welche die Beziehung zwischen Angst und allgemeinen Schulleistungen auf Collegeniveau untersuchten.

Sie teilten dabei eine große Gruppe von Studenten in drei Untergruppen je nach ihren Intelligenzpunkten ein: in die mit den niedrigsten Punktzahlen (20 Prozent), in die im mittleren Bereich (60 Prozent) und in die mit den höchsten Punkten (20 Prozent). Dann errechneten sie die Korrelation zwischen den Durchschnittsnoten als einem Maßstab für die Schulleistungen und den MAS Punktzahlen der betreffenden Studenten.

Sie fanden bei den Gruppen mit der höchsten und der niedrigsten Intelligenz keine Beziehung zwischen den Durchschnittsnoten und

der Ängstlichkeit und bei der mittleren Intelligenzquotienten-Gruppe eine kleine negative Beziehung.
Hieraus geht hervor, daß der Student mit geringer Intelligenz aufgrund seines beschränkten Verstands einfach nicht besser abschneiden kann, wie immer das Antriebsniveau bei ihm auch aussehen mag. Gute akademische Leistungen fallen den Studenten von hoher Intelligenz so leicht, daß die Angst ihre Leistung nicht beeinflussen kann. Nur im mittleren Intelligenzbereich, wo die Fähigkeiten weder beschränkt noch überdurchschnittlich sind, hat der Antrieb einen Einfluß auf die Schulleistung.
Hierfür spricht auch eine weitere Untersuchung von Spielberger (1962), in der er ängstliche Studenten nach drei Jahren überprüfte. Er fand, daß mehr als 20 Prozent inzwischen das College verlassen hatten. Von denen mit dem höchsten Intelligenzquotienten waren dagegen nur 9 Prozent abgegangen.

Natürlich auftretender Streß

Im vorigen Kapitel wurden einige methodologische Probleme besprochen, die beim Studium der Angst auftauchen. Eines der schwerwiegendsten ist die Validität der Methoden, mit denen man künstlich Angst zu erzeugen versucht. Alle diese Methoden sind verglichen mit den natürlichen Streßsituationen relativ mild.
Untersuchungen des Lernens unter natürlichem Streß sind im allgemeinen nur schwer durchzuführen. Die wenigen, die zustande kamen, dürften besonders aufschlußreich sein, weil bei ihnen weniger Zweifel an der Intensität des Affekts bestehen. Zu diesen seltenen Untersuchungen gehören zwei, die im Rahmen der Fallschirmjägerausbildung durchgeführt wurden.

In dem einen (Basowitz u. a., 1955) ergab sich, daß Soldaten, die gerade die aufregenden Prozeduren des Fallschirmabsprungs aus einem Flugzeug lernten, einige einfache Aufgaben etwas schlechter lösten als eine Kontrollgruppe.
Eine Untersuchung von Walk (1956) beschäftigte sich direkt mit einem bestimmten Streßaspekt der Fallschirmjägerausbildung: zu lernen, von einem zehn Meter hohen Turm hinunterzuspringen. Der Rekrut fällt dabei etwa zweieinhalb Meter, bevor sein Fall durch Riemen gebremst wird, die an seinem Fallschirmtraggürtel befestigt sind. Der Zweck dieses Trainings ist, den jungen Männern die richtige Methode beizubringen, wie man während des Flugs aus dem Flugzeug springt. Abgesehen von den Begleitumständen, erfordert die Aufgabe nur ein sehr einfaches motorisches Verhalten, wozu bestimmt jeder in der Lage ist, der gesundheitlich für eine Ausbildung zum Fallschirmjäger überhaupt in Frage kommt. Lernt einer es nicht richtig und weigert er sich zu springen, so muß er aus dem Kurs ausscheiden.

Walk forderte nun eine Gruppe von Fallschirmrekruten auf, auf einer Zehnpunkteskala den Grad der Angst anzugeben, die sie unmittelbar vor dem Sprung empfunden hätten. Durchschnittlich bewerteten die Testpersonen den Grad ihrer Angst vor dem ersten Sprung mit etwa 6 Punkten und dann bei den nächsten sechs Sprüngen mit immer weniger bis zu durchschnittlich etwa 3 Punkten beim siebten Sprung. Einunddreißig der Rekruten mußten den Kurs vorzeitig abbrechen. Diese Gruppe gab vor sämtlichen Sprüngen eine stärkere Angst zu als die andern, die durchkamen.

Diese Untersuchungen von Basowitz und Walk sind ungewöhnlich, nicht nur weil die Streßsituation natürlich war, sondern auch weil der Angststimulus und die Lernaufgabe identisch waren. In den meisten Laboratoriumsuntersuchungen sind Stimulus und Aufgabe voneinander unabhängig, wie zum Beispiel der elektrische Schock und die sinnlosen Silben. Eine Untersuchung von Beam (1955) vereinigt in sich Merkmale des Fallschirmjägerexperiments und von Laboratoriumsuntersuchungen. Der Streß war natürlich, doch waren die Lernaufgaben von ihm unabhängig.

Beam testete Gruppen von Collegestudenten und -assistenten, unmittelbar bevor sie eine der folgenden Streßsituationen durchzustehen hatten:
1. den Vortrag eines mündlichen Berichts im Rahmen eines Collegekurses;
2. die Teilnahme an einem Vorexamen zur Erlangung eines Diploms;
3. das Auftreten in einem Theaterstück vor einem großen Publikum.
Sämtliche Teilnehmer wurden auch unter neutralen Bedingungen getestet. Die Lernaufgabe bestand im Auswendiglernen einer Standardliste von sinnlosen Silben, die zweimal hintereinander fehlerlos zu reproduzieren war. Unter Streß brauchten die Versuchspersonen 50 Prozent mehr Versuche, um dieses Kriterium zu erreichen, und sie machten durchschnittlich 50 Prozent mehr Fehler. Nur vier von den fünfzig Testpersonen benötigten nicht mehr Versuche. Von den nachteilig Beeinflußten brauchten einige zur Erfüllung der Aufgabe sechsmal so lange. Die durchschnittliche Fehlerzahl belief sich unter Streß auf 195 im Vergleich zu 127 unter neutralen Bedingungen. Nur fünf Testpersonen fielen aus dem Rahmen.

Diese Untersuchungen lassen vermuten, daß die natürlich auftretende Angst das Lernen sowohl dann beeinträchtigt, wenn die Aufgabe selbst angsterregend ist, als auch dann, wenn sie von der Streßsituation unabhängig ist. Ist die Aufgabe an sich angsterregend, so kann sie das Lernen beeinträchtigen, selbst wenn sie relativ einfach ist.

Experimentelle Befreiung von Angst

Nehmen wir mit Mandler und Sarason an, daß die Einwirkung der Angst auf das Lernen eine Folge der Furcht vor dem Versagen ist, so müßte der Experimentator durch eine Reduzierung der Furcht das Lernen erleichtern können. Ein diesbezügliches Experiment hat Sarason 1958 durchgeführt.

Er teilte seine Testpersonen aufgrund ihrer Punkte auf einer Testangstskala in eine sehr ängstliche und eine wenig ängstliche Gruppe ein, worauf jede Gruppe nochmals in zwei Untergruppen unterteilt wurde.[11] Die Versuchspersonen erhielten die Aufgabe, entweder eine Liste mit 17 zweisilbigen Wörtern oder eine mit 17 zweisilbigen sinnlosen »Wörtern« zu lernen. Sowohl in der sehr ängstlichen als auch in der wenig ängstlichen Gruppe erhielt eine der Untergruppen die üblichen Instruktionen. Bei den anderen beiden Untergruppen wurde zunächst eine »Beruhigungstherapie« vorgenommen. Der Versuchsleiter sagte:
»Bevor wir anfangen, möchte ich Ihnen einige Hinweise geben, die Ihnen das Lernen der Liste erleichtern können, welche ich Ihnen gleich auf dem Gedächtnisapparat zeigen werde. Viele regen sich unnötig auf, wenn sie diese Silben nach wenigen Versuchen noch nicht auswendig können. Wenn Sie sich keine Gedanken darüber machen, wie Sie abschneiden werden, sondern sich nur auf die Liste konzentrieren, werden Sie feststellen, daß Ihnen dies das Lernen erleichtert. Die Listen sind schwierig, und es ist daher kein Wunder und kein Grund zur Aufregung, wenn es zunächst nur langsam geht und Sie Fehler machen.«

Tafel IX

Wirkung der Beruhigungstherapie auf die Beziehung zwischen Angst und verbalem Lernen*).

	Gruppe	
Bedingung	sehr ängstlich	wenig ängstlich
Standard	9,1	11,6
Beruhigung	11,0	9,5

Die Zahlen beziehen sich auf den durchschnittlichen Zuwachs an gelernten Wörtern im Verlauf der Versuche.

*) Daten von Sarason (1958).

Tafel IX zeigt die durchschnittliche Leistungssteigerung pro Testperson von der ersten Versuchsserie mit fünf Einzelversuchen bis zu letzten. Bei der unter Standardbedingungen arbeitenden Gruppe erkennen wir den erwarteten störenden Einfluß der Testangst. Im Durchschnitt verbesserten die Teilnehmer mit geringer Angst ihre Leistungen von der ersten Versuchsserie bis zur fünften um 11,6 Wörter, während es die sehr ängstliche Gruppe nur zu einer Leistungssteigerung um 9,1 Wörter brachte.
Die senkrechte Zahlenkolonne für die sehr ängstliche Gruppe zeigt, daß die beruhigenden Worte des Versuchsleiters einen hilfreichen Einfluß auf sie ausübten. Aufgrund der Beruhigung sprang die Leistung dieser Gruppe im Lauf der Versuche auf 11,0, was gegenüber der unter Standardbedin-

gungen arbeitenden Gruppe eine Verbesserung von mehr als 20 Prozent bedeutet. Die Versuchspersonen mit geringer Angst schnitten beim Lernen nach der Beruhigung weniger gut ab als unter Standardbedingungen, was die Vermutung nahelegt, daß Sarasons kleine »Therapie« ihre Lernleistung praktisch beeinträchtigte.

Die beruhigenden Worte hatten darauf abgezielt, bei der sehr ängstlichen Gruppe die Furcht zu versagen dadurch zu mildern, daß der Versuchsleiter sich ihnen als nachsichtiger Mensch präsentierte, der nicht die Absicht hatte, seine Leute unter Druck zu setzen, und der es ihnen nicht übel nehmen würde, wenn sie schlecht abschnitten. Hierdurch ließ die Angst nach, und das Antriebsniveau wurde bei den sehr Ängstlichen so weit gesenkt, daß sich die Angst energiefördernd und nicht nachteilig auswirkte. Die Angstverminderung bei der Gruppe mit geringer Angst setzte das Angstniveau dagegen offenbar so weit herab, daß die Angst die Leistung nun nicht mehr anspornte. Diese Erklärung spricht nicht nur für die Yale-Theorie, sondern auch für das Yerkes-Dodsonsche Gesetz.

Lernen und Muskelspannung

Spannung in den gestreiften oder willkürlichen Muskeln des Körpers ist eine der häufigsten Begleiterscheinungen der Angst. Sie ist ein Korrelat, das die Angst mit der Aktivität im allgemeinen, der motorischen wie der intellektuellen, gemein hat.[12] Es könnte dies eine Erklärung dafür sein, wieso die Angst gelegentlich die Leistung erleichtert, wie Spence in seiner Theorie behauptet. Spence selbst hat sich allerdings kaum darum gekümmert, welcher körperliche Prozeß sich möglicherweise zwischen Antrieb und Leistung abspielt, doch haben einige unabhängige Untersuchungen die Muskelspannung zum Lernen in Beziehung gesetzt. Die meisten dieser Studien wurden allerdings schon vor einigen Jahrzehnten durchgeführt, bevor Spence seine Theorie aufgestellt hatte und bevor das Interesse an der Angst seine heutige Aktualität erreicht hatte. Die Experimentatoren der dreißiger Jahre waren an der Muskelspannung als an einem unabhängigen Phänomen interessiert. Da sie jedoch eine häufige Begleiterscheinung der Angst ist, dürften diese Erkenntnisse auch für unser Thema von Interesse sein.

Induzierte Muskelspannung und das Lernen

Bei einer Anzahl von Versuchen stellte sich heraus, daß die Wirkung der Muskelspannung auf einfache Lernvorgänge dem Yerkes-Dodsonschen Prinzip folgt. Courts faßte 1942 die Ergebnisse der ersten diesbezüglichen Versuche in der Feststellung zusammen, daß »die umgekehrte U-förmige Kurve für die Beziehung zwischen dem Lernen und dem Grad der experimentell induzierten Spannung typisch zu sein scheint«. Eine ausgezeichnete Illustration hierzu liefert eine eigne Untersuchung von Courts (1939).

Mit einem Dynamometer stellte er für jede seiner Versuchspersonen den maximalen Druck fest, mit welchem sie den Handgriff des Dynamometers umfaßte. Dann forderte er seine Testpersonen auf, eine Liste von sinnlosen Silben auswendig zu lernen, während sie mit verschiedenen Druckstärken, von null anfangend, den Dynamometergriff umfaßten. Diese Druckstärken waren sämtlich niedriger als das Druckmaximum und betrugen nacheinander $^1/_8$, $^1/_4$, $^3/_8$, $^1/_2$ und $^3/_4$ der Maximaldruckstärke. Hierbei wurde natürlich vorausgesetzt, daß der Grad der induzierten Muskelspannung dem ausgeübten Druck direkt proportional ist.

Die Ergebnisse sind in Abb. I grafisch dargestellt. Die Kurve zeigt, daß das Lernen von der normalen, nicht unter Spannung stehenden Situation bis zu einem Leistungsgipfel bei $^1/_4$ der maximalen Spannung ansteigt. Jenseits dieses Punkts sinkt die Lernleistung wieder ab. Übersteigt der Spannungsgrad etwa $^5/_8$ des Maximums, so wird der Lerneffekt schlechter als in der Situation ohne Spannung. Diese stetige Beziehung stimmt mit den Erkenntnissen von Yerkes und Dodson über das Antriebsniveau bei Tieren überein.

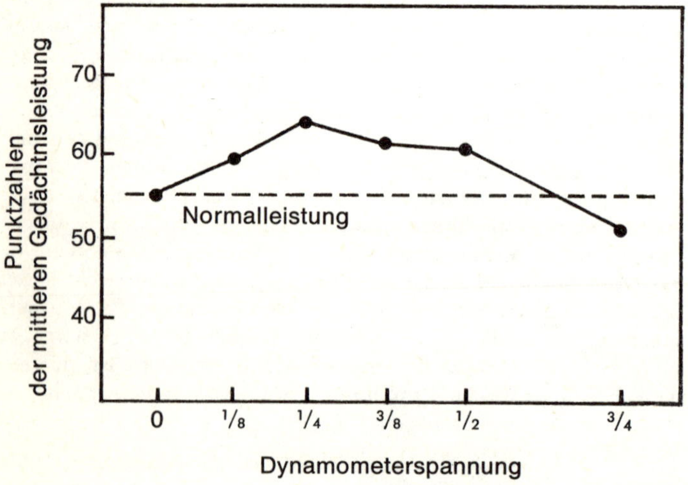

Abbildung 1 Lernen und Muskelspannung. Abdruck nach Courts (1939) mit Erlaubnis der American Psychological Association.

Da die induzierte Muskelspannung stets dem feststehenden Maximum proportional war, kann man mit Sicherheit annehmen, daß das Niveau der induzierten Spannung bei den Testpersonen von Courts nicht variierte. Wir können jedoch nicht voraussetzen, daß es keine individuellen Unterschiede im nichtangespannten Zustand gab. Es ist in der Tat wahrscheinlicher, daß die natürliche Muskelspannung bei den einzelnen verschieden war. Von Natur sehr ängstliche Personen dürften im nichtangespannten Zustand eine stärkere Muskelspannung aufweisen als weniger ängstliche.
Courts hat nun aber seine Testpersonen nicht hinsichtlich ihrer Muskelspannung im nichtangespannten Zustand unterschieden. Diese Variable ist 1958 von Meyer und Noble untersucht worden.

Personen, die nach der MAS in die Kategorien sehr ängstlich und wenig ängstlich eingeteilt waren, erhielten die Aufforderung, zwei Kolonnen von Wörtern in der richtigen Reihenfolge auswendig zu lernen. Die Wortfolgen waren unter zwei verschiedenen Bedingungen zu lernen. Die eine war neutral, die andere bestand in einer Situation unter Muskelspannung, welche dadurch erreicht wurde, daß die Testperson den Griff des Dynamometers mit einem Standarddruck von 10 Pfund umfaßte.
Die Resultate wurden in Form der Fehlerzahlen beim ersten und letzten Versuch in einer Versuchsreihe mit 30 Einzelversuchen festgehalten. In der Situation ohne Spannung machten die sehr ängstlichen Personen sowohl zu Beginn als auch am Schluß der Versuchsreihe weniger Fehler, aber in der Spannungssituation machten sie in beiden Fällen mehr Fehler. Die Unterschiede zwischen der sehr ängstlichen und der weniger ängstlichen Gruppe sind nicht sehr auffallend. Bemerkenswert ist jedoch die fast genaue Umkehr der Leistungen bei den beiden Bedingungen. Die sich ergebenden Daten sind fast identisch, wenn wir die Gruppendurchschnitte unter beiden Bedingungen einfach umkehren.

Im ganzen gesehen reichte offenbar die induzierte Muskelspannung sowohl bei der sehr ängstlichen als auch bei der weniger ängstlichen Gruppe nicht aus, um die Leistung zu verbessern. Die Leistung der sehr ängstlichen Gruppe war besser im nichtangespannten Zustand, vermutlich weil das chronische Muskelspannungsniveau bei ihnen höher war. Wurde die Muskelspannung weiter über das schon hohe Niveau hinaus erhöht, so hatte dies störende Wirkungen. Andererseits trat in diesem Fall für die Gruppe von geringer Ängstlichkeit eine erleichternde Wirkung ein, da ihr Muskelspannungsniveau bis zu dem der sehr ängstlichen Gruppe in der nichtgespannten Situation angehoben wurde. So stimmen die Erkenntnisse von Meyer und Noble tatsächlich mit dem Yerkes-Dodsonschen Gesetz überein, obwohl sie den Gedanken nahelegen, daß vor dem Experiment bestehende individuelle Unterschiede die Versuchsergebnisse beeinflussen können.

VIII. Angst und kognitive Prozesse

Zur menschlichen Existenz gehören außer dem Lernen noch viele andere geistige Tätigkeiten, an denen Gehirnfunktionen höherer Ordnung beteiligt sind. Klinische Praxis wie allgemeine Erfahrung lassen vermuten, daß die meisten dieser Tätigkeiten durch starke Affekte wie die Angst gehemmt, verzögert oder sonstwie ungünstig beeinflußt werden. Leider ist es leichter, sich aufgrund einer klinischen Untersuchung eine Meinung zu bilden, als einen Plan für ein bestimmtes definitives Experiment aufzustellen. Konstrukte wie »Kreativität« und »Urteilsvermögen« sind für Experimentierzwecke nur schwer zu definieren. Komplizierte kognitive Prozesse werden meist von vielen Faktoren neben der Angst beeinflußt. Es ist schwer, diese von außen kommenden Variablen, von denen viele noch unbekannt sind, zu kontrollieren, um die Wirkung der Angst auf diese Weise zu isolieren.

Daher befindet sich das Experimentieren, das sich mit der Beziehung zwischen der Angst und komplizierten kognitiven Prozessen befaßt, noch im Anfangsstadium. Einige interessante, wenn auch kaum beweiskräftige Ergebnisse sollen in diesem Kapitel behandelt werden.

Das Problemlösen

Die meisten Lernexperimente im Laboratorium benutzen als Lernaufgabe Listen von Wörtern oder von sinnlosen Silben. Bei solchen rein mechanischen Lernaufgaben ist der Einfluß früheren Lernens und der von der Testperson in die Versuchssituation mitgebrachten Reaktionstendenzen verschwindend gering, was das Experiment auf das Wesentliche konzentrieren hilft. Natürlich ist der Einfluß früherer Experimente nie völlig auszuschalten. Worauf es ankommt, ist, ihn nicht so stark werden zu lassen, daß die Beziehungen zwischen den Variablen des Experiments oder die Wirkung der im Experiment angewandten Methoden verdunkelt werden.

Die rein mechanische Lernaufgabe hat den Vorteil, daß sie leicht zu quantifizieren ist. Eine sinnlose Silbe ist der anderen sehr ähnlich. Die Methode eignet sich auch für mehrere Einzelversuche hintereinander oder für Versuchsblocks. Bei solchen Experimenten sind die Menge des verwendeten Materials, der Zeitfaktor – falls vorhanden – und die relative Schwierigkeit der Aufgabe vom Experimentator leicht zu kontrollieren und zu manipulieren.
Alles in allem ist eine Liste von sinnlosen Silben eine ideale Lernaufgabe für das Laboratorium. Leider hat jedoch das mechanische Lernen im menschlichen Leben keine große Bedeutung, und wenn es doch einmal vorkommt, so spielt es sich selten unter den vom Forscher diktierten Bedingungen ab. Die meisten Menschen werden nie in die Lage kommen, eine Liste von sinnlosen Silben nach einem Gedächtnisapparat auswendig lernen zu müssen, falls sie nicht das Pech haben, einem Experimentalpsychologen in die Arme zu laufen. Wie weit aus Laboratoriumsergebnissen auf das Verhalten außerhalb des Laboratoriums verallgemeinernd geschlossen werden kann, ist unsicher. Es *scheint*, als ob es wenigstens in einigen Fällen möglich wäre. Vielleicht ist bei Untersuchungen, die mit komplizierten intellektuellen Tätigkeiten zu tun haben, eine bessere Annäherung an das Lernen im »wirklichen Leben« zu erreichen. Eine solche Tätigkeit ist das *Problemlösen*.
Als Problemlösen bezeichnet man »vielfältige Leistungen, die sich ... nur graduell von anderen Lern- und Leistungsarten unterscheiden, wobei der Gradunterschied davon abhängt, bis zu welchem Ausmaß das Problemlösen die Einordnung oder Integration früher gelernter Reaktionen erfordert« (Duncan, 1959). Zu diesen »früher gelernten Reaktionen« können alle Arten motorischer Tätigkeit oder auch höhere intellektuelle Prozesse, wie Urteilen oder logisches Analysieren oder die Anwendung früherer Kenntnisse und Erfahrungen, gerechnet werden. Kurz, die Fähigkeit, ein Problem zu lösen, hängt von mehr persönlichen Faktoren ab als das mechanische Auswendiglernen.

Ängstlichkeit und Problemlösen

Die Auswirkung der allgemeinen Ängstlichkeit auf die Fähigkeit, Probleme zu lösen, geht aus einer Untersuchung von Harleston (1962) hervor.

Die Testpersonen hatten eine Reihe von leichten und von schwierigen Anagrammen mit fünf Buchstaben zu lösen und für jedes Problem zweieinhalb Minuten zur Verfügung. Dabei galten Beispiele wie »ablte« (= table) als leicht und Beispiele wie »geerm« (= merge) als schwierig. Die Einteilung in Angstgruppen wurde nach einer abgeänderten Form des TAQ vorgenommen. Aus Tafel X geht hervor, wieviele schwierige und wieviele leichte Anagramme gelöst wurden.

Im ganzen besteht eine direkte Beziehung zur Angst, indem nämlich die Versuchspersonen mit der geringsten Angst die meisten Anagramme lösten, die mittlere Gruppe die nächstmeisten und die Ängstlichen die wenigsten. Der Unterschied zwischen den Gruppen von mittlerer und großer Ängstlichkeit ist jedoch nur gering. Ein größerer Unterschied besteht zwischen diesen beiden Gruppen und den wenig Ängstlichen. Abgesehen davon war der Unterschied in den Leistungen der verschiedenen Gruppen mit geringen Ausnahmen eine Funktion der Schwierigkeit der Anagramme.

Tafel X

Zahl der gelösten Anagramme als Funktion der Ängstlichkeit*)

	Art des Anagramms		
Ängstlichkeitsgruppe	leicht	schwierig	alle
wenig ängstlich	155	118	273
mittel ängstlich	151	89	240
stark ängstlich	147	88	235

*) Daten von Harleston (1962)

Man könnte einwenden, daß hier die Wirkung der allgemeinen Ängstlichkeit auf die Fähigkeit zum Problemlösen nicht dem Yerkes-Dodsonschen Prinzip folgt. Man könnte auch den Verdacht haben, daß die Aufgabe so schwer war, daß die Leistung schon durch einen mäßigen Grad von Angst beeinträchtigt wurde. Dieser Schluß würde mit den ursprünglichen Erkenntnissen von Yerkes und Dodson übereinstimmen. Es weist jedoch nichts darauf hin, daß der Zeitfaktor die Leistungen der ängstlichen Testpersonen beeinflußt hätte. Obwohl Harlestons Versuchspersonen durchschnittlich doppelt so lange für schwierige Anagramme brauchten, unterschieden sich die Lösungszeiten für die richtig gelösten Anagramme unter den drei Gruppen nicht. Mit anderen Worten, es wies nichts darauf hin, daß die Ängstlichen langsamer arbeiteten.

Simulierter natürlicher Streß und das Problemlösen

Vor etwa fünfzig Jahren (1916) dachte sich Hamilton eine geistreiche Aufgabe aus, die schwierig genug war, um als Problem gelten zu können, und doch auch wieder so einfach, daß sowohl Menschen wie Tiere zu dem Versuch herangezogen werden konnten.

Der Versuch spielte sich in einem Raum mit vier Ausgängen ab, die sämtlich vom Eingang gleichweit entfernt waren. Bei jedem Versuch war nur eine dieser vier Türen unverschlossen, und der Getestete mußte diesen offenen Ausgang herausfinden. Es galt dabei, den Plan des Experimentators zu durchschauen, der darin bestand, daß niemals die gleiche Tür zweimal hintereinander aufgeschlossen wurde. Abgesehen davon wurde bei jedem Versuch irgendeine beliebige Tür geöffnet. Bei Experimenten mit verschiedenen Tieren fand Hamilton, daß fünf verschiedene Arten von Problemlösungen so oft vorkamen, daß es sich lohnte, sie zu notieren:
Typ A. Das Versuchstier beachtet die bei dem vorangegangenen Versuch aufgeschlossene Tür nicht und probiert jede der drei anderen Türen einmal in regelmäßiger Reihenfolge.
Typ B. Das Versuchstier versucht in zufälliger Reihenfolge, jede der Türen einmal zu öffnen. Dabei kann die beim vorangegangenen Versuch aufgeschlossene Tür übergangen werden oder nicht.
Typ C. Das Tier versucht, in regelmäßiger Reihenfolge jede der vier Türen zu öffnen, wobei die beim vorangegangenen Versuch geöffnete Tür deutlich keine Ausnahme macht.
Typ D. Das Tier probiert eine Tür, dann eine andere und versucht es dann wieder mit der ersten.
Typ E. Das Tier versucht mehrere Male, die gleiche Tür zu öffnen, bevor es einen Versuch mit einer anderen macht.
Die Lösungstypen von A bis E weisen natürlich auf einen Verhaltensbereich hin, der vom Anpassungsfähigsten bis zum am wenigsten Anpassungsfähigen reicht, von einem Verhalten, das mit größter Wahrscheinlichkeit zum Erfolg führt, über Verhaltensweisen mit mäßigen Erfolgschancen bis zu einer Verhaltensweise, welche die geringste Aussicht auf Erfolg hat.

Die Kurven von Abbildung 2 zeigen die Erfolge bei menschlichen Versuchsteilnehmern und bei Ratten. Sie bieten keine Überraschungen. Etwa 60 Prozent der Lösungen durch Menschen entsprachen Typ A (höchste Anpassungsfähigkeit); nur bei einem kleinen Prozentsatz der menschlichen Versuchsteilnehmer kamen Lösungen, von Typ D und E vor (geringste Anpassungsfähigkeit). Das Problemlösungsverhalten der Ratten war genau umgekehrt. Fast 50 Prozent der Lösungen gehörten hier zum Typ E und nur ein kleiner Prozentsatz zu Typ A und B.
Viele Jahre später (1934 a, b) hat Patrick versucht, wie sich Menschen unter schwerem Streß in Hamiltons Raum verhalten.

Er setzte dabei seinen Versuchspersonen tüchtig zu, verabreichte ihnen mit Hilfe eines Fußbodengitters ständig elektrische Schläge, bespritzte sie aus einem Schlauch mit kaltem Wasser oder setzte sie dem ohrenbetäubenden Lärm einer heiseren Autohupe aus.

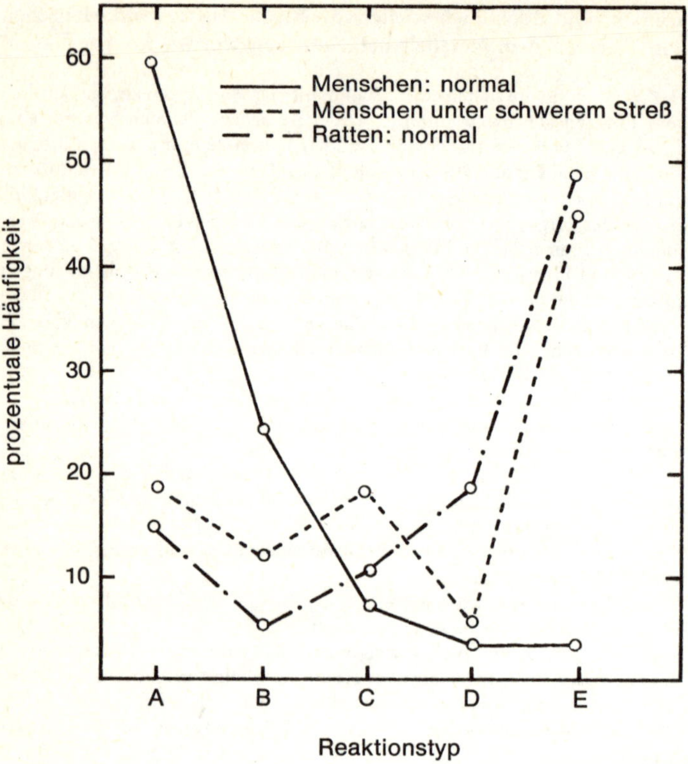

Abbildung 2 Die Auswirkung des simulierten natürlichen Streß auf das Problemlösen (nach Underwood, 1949, mit Erlaubnis der Appleton-Century-Crofts, Inc.).

Die dritte Kurve in Abbildung 2 zeigt die Wirkung dieser Streßprozeduren. Das Problemlösungsverhalten der menschlichen Versuchsteilnehmer änderte sich grundlegend und wies nun deutliche Ähnlichkeiten mit dem der Ratten auf. Es ist, als ob diese Testpersonen vorübergehend ihrer charakteristischen menschlichen Fähigkeit, vernünftig zu denken, beraubt worden wären und sich statt dessen wieder vorzugsweise auf ihre körperliche Kraft verlassen hätten. Das Verhalten von Patricks Testpersonen erinnert an das 1964 von Schultz und verschiedenen soziologischen Beobachtern beschriebene *panische Verhalten.* Schwerster Streß hat eine Primitivierung des menschlichen Verhaltens zur Folge. Doch geht dies weit über die Wirksamkeit der üblichen Streßprozeduren im Laboratorium hinaus, welche die Leistung gelegentlich sogar verbessern. Nur in seiner intensivsten Form hat der Affekt verheerende Wirkung, wie Leeper 1948 dargelegt hat.

Verbale Kommunikation

Die verbale Kommunikation ist eine für den menschlichen Organismus äußerst typische Verhaltensform. Es gibt Sozialwissenschaftler, die ihr eine überragende Bedeutung beimessen und die viele der Hauptprobleme, welche die menschliche Gesellschaft bedrücken, auf Kommunikationsschwierigkeiten zurückführen. Ob diese Behauptung der »Semantizisten« nun Validität besitzt oder nicht, die verbale Kommunikation ist zweifellos auf vielen Lebensgebieten eine Verhaltensform von höchster Bedeutung. Ob die Kommunikation erfolgreich ist oder nicht, dürfte durch das Zusammenwirken vieler Faktoren bestimmt werden: Intelligenz, Erziehung, das Vokabular des Kommunikators, die Art des Themas und die Rücksicht auf das Verständnisniveau der Zuhörer, um nur einige zu erwähnen. Nicht viele dieser potentiellen Einflüsse sind bisher experimentell erforscht worden, doch haben sich immerhin einige Experimentatoren mit der Wirkung der Angst auf die Kommunikation befaßt.

Angst beim Kommunikator

1957 hat Frau Gynther den Versuch unternommen, die Wirkung von Ängstlichkeit und Streß auf die Kommunikation zu bestimmen. Sie stellte eine Gruppe von sehr ängstlichen und eine von wenig ängstlichen Personen zusammen und untersuchte ihre verbale Kommunikationsfähigkeit in einer neutralen und einer Streßsituation. Den Streß erzeugte sie durch Hinweise, welche Testangst und Angst vor schlechtem Abschneiden hervorrufen sollten.

Die Aufgabe lautete, daß jede Testperson elf Fragen über sich selbst zu beantworten hätte. Diese Fragen waren etwas unbestimmt und vermutlich schwer zu beantworten. Die Antworten wurden auf Tonband registriert und nach einer Notenskala analysiert, die einen statistisch zuverlässigen Kennwert des »kommunikativen Wirkungsgrads« (communicative efficiency = CE) lieferte. Um diesen CE zu errechnen, wurde jede Antwort zunächst in Einheiten aufgegliedert, welche dann von Experten danach eingestuft wurden, in welchem Maß sie die Reizfrage beantworteten.

Es stellte sich heraus, daß die Streßbedingung den kommunikativen

Wirkungsgrad bei beiden Gruppen herabsetzte. Unter beiden Bedingungen erwies sich die Kommunikation der Gruppe mit geringer Angst um fast 17 Prozent wirksamer als die der sehr ängstlichen Gruppe.

Die Autorin schließt daraus:

»Dieses Experiment demonstriert eine Erscheinung, wie sie bei alltäglichen Begegnungen häufig zu beobachten ist. Der Eindruck, den jemand macht, die Wertschätzung, die er im Geschäft, in der Gesellschaft oder in seinem Beruf erfährt, werden davon beeinflußt, wie weit er fähig ist, seine Ideen den andern mitzuteilen. Die Untersuchung zeigt, daß stockendes Reden teilweise eine Funktion der Angst des Betreffenden ist...«

Untersuchungen von Sprechweisen liefern eine Erklärung für die Störung der Kommunikation bei ängstlichen Personen. Kasl und Mahl haben 1965 festgestellt, daß Anzeichen eines »nervösen« Sprechens, wie Wiederholungen, Stottern, Auslassungen, unvollständige Sätze und das Korrigieren von Formulierungen nach Form oder Inhalt, noch während sie ausgesprochen werden, wesentlich häufiger vorkamen, wenn die Betreffenden unter Streß standen. Diese Sprechphänomene dürften typische Beispiele von leistungsirrelevanten Reaktionen sein, welche die Verständlichkeit der verbalen Kommunikation beeinträchtigen und den Erfolg des Kommunikators herabsetzen.

Angst vor der Kommunikation

Das Gynthersche Experiment weist ebenso wie das im nächsten Kapitel behandelte von Feshbach und Singer (1957) darauf hin, daß die Kommunikation ungünstig beeinflußt werden kann, wenn ihr Inhalt entweder beim Kommunikator oder bei seinen Zuhörern Angst hervorruft. Die kommunikative Wirksamkeit kann zum Teil eine Funktion des Grads der »Kommunikationsangst« sein, wie Nunnally sich ausdrückt.

Nunnally hat 1961 zwei ähnlich lautende Erklärungen über die Elektroschockbehandlung psychiatrischer Patienten aufgesetzt, die im wesentlichen die gleiche Information enthielten, sich jedoch durch ihren Gefühlston unterschieden. Die eine Formulierung war darauf berechnet, beim Leser Angst zu erregen, die andere war neutral.

Zum Beispiel lautete der Text in der neutralen Form: »Ein Psychiater und mehrere Assistenten bereiten ihn (den Patienten) auf die Behandlung vor.« In der Form, die Angst erregen sollte, ist die gleiche Tatsache so dargestellt: »Der Patient wird in einen Raum getragen und auf einem Bett festgeschnallt.« Ähnlich wird aus »einem schwachen elektrischen Strom« in der neutralen

Form in der Streßformulierung »ein starker elektrischer Strom«. Aus »tatsächlich weniger schmerzhaft als viele medizinischen Routinebehandlungen« wird »eine schmerzhafte elektrische Behandlung, die qualvoller ist als andere medizinische Behandlungen«.

Diese Erläuterungen wurden Gruppen von Versuchspersonen in schriftlicher Form vorgelegt mit der Aufforderung, den Grad ihrer Verständlichkeit und Einfachheit oder ihrer Unverständlichkeit und Kompliziertheit abzuschätzen. Im Durchschnitt wurde die Formulierung, die Angst erregen sollte, als erheblich unverständlicher eingestuft, woraus zu schließen ist, daß die Erregung von Angst durch das verbale Material selbst dessen Verständlichkeit – wenigstens in den Augen der Leser – herabsetzt.

Reaktionsweisen

Die störenden Wirkungen der Angst könnten zum Teil auch auf eine Reizverallgemeinerung zurückzuführen sein. Wir erinnern uns, daß Dollard und Miller (1950) die Theorie aufstellten, eine Folge starker Angst sei die Tendenz, auch auf Reize, die einem ursprünglich angsterregenden Reiz ähnlich sind, mit Angst zu reagieren. Der Betreffende scheint in einem solchen Fall seine Fähigkeit, zwischen Reizen zu unterscheiden, teilweise einzubüßen. Vielleicht ist ein ängstlicher Mensch ganz allgemein weniger in der Lage, unter ähnlichen Gegenständen in seiner Umgebung zu unterscheiden. Ein solcher Wahrnehmungsdefekt würde sein Reaktionsrepertoire verkleinern.

Nimmt man zum Beispiel an, daß zehn Reize vorhanden sind, die sämtlich eine unterschiedliche Reaktion erfordern, dann könnte ein ängstlicher Mensch zwischen einigen von ihnen nicht unterscheiden, so daß er von den zehn verschiedenen Reizen vielleicht nur fünf als verschieden wahrnehmen würde. Auf diese Weise würde er auch nur fünf Reaktionen lernen und auf fünf Reize falsch reagieren.

Dieser Repertoireverschleiß wird gelegentlich als *Reaktionsstereotypie* bezeichnet.

Leistung bei Intelligenztests

Das Konstrukt *Intelligenz* wird in Klinik und Laboratorium mit einem Standardtest und einer entsprechenden Punktbewertung definiert. Alle Intelligenztests beruhen auf dem gleichen Prinzip. Der Versuchsperson wird Gelegenheit gegeben, ihre Fähigkeiten zu zei-

gen, indem sie eine Reihe von verschiedenen intellektuellen Aufgaben ausführt. Hierzu gehören verbale und arithmetische Denkaufgaben, abstraktes Denken, mechanisches Auswendiglernen, Beherrschung des Wortschatzes und so weiter.
Klinische Psychologen vertreten allgemein die Ansicht, daß die Punkte bei Intelligenztests durch emotionale Zustände wie Angst ungünstig beeinflußt werden.
Eine überzeugende experimentelle Demonstration der Wirkung der Angst auf die Leistung im Intelligenztest ist nicht so leicht zu bewerkstelligen, wie es zunächst scheinen möchte. Ein solches Experiment würde erfordern, daß der gleiche Test mit Versuchspersonen unter neutralen Bedingungen und dann noch einmal während einer Angstperiode vorgenommen würde. Wie bei vielen Aufgaben würde sich dabei aber die Übung auswirken und eine Übertragung aus der ersten Anwendung des Tests auf die zweite stattfinden, was die Wirkung der Angst leicht verdunkeln oder entstellen könnte. Eine Untersuchung von Diethelm und Jones (1947) zeigt, daß die Leistung psychiatrischer Patienten bei Intelligenztests sich besserte, nachdem die akute Angst vergangen war. Diese Leistungsverbesserung könnte aber auch teilweise auf die Übung zurückzuführen sein.
Eine Reihe von Untersuchungen lassen keine Beziehung zwischen den Punktzahlen auf der MAS und anderen Skalen, mit denen man die allgemeine Ängstlichkeit mißt, und den Intelligenztestpunkten erkennen. Testmethoden wie der TAQ weisen im allgemeinen eine mäßige negative Korrelation mit den Intelligenztestpunkten auf, was vermuten läßt, daß die Testangst sich störend auf die Leistung auswirken könnte. Hierin eine Beziehung von Ursache und Wirkung zu sehen, erscheint zwar einleuchtend, doch ist sie damit noch nicht exakt bewiesen.
Eine plausible Erklärung der negativen Beziehung zwischen der Testangst und den Punkten des Intelligenztests könnte mit dem Leistungstempo zusammenhängen. Es ist ziemlich sicher, daß Angst im allgemeinen die Leistung bei komplizierten Aufgaben verlangsamt.

Für gewisse Intelligenztests oder Teile von Intelligenztests steht nur eine beschränkte Zeit zur Verfügung, bei anderen trifft dies nicht zu. In einigen Fällen gilt die Testaufgabe als nicht gelöst, falls sie nicht in der vorgeschriebenen Zeit erledigt wird. In anderen Fällen gibt es Pluspunkte für richtige Antworten, die innerhalb einer bestimmten Zeit gegeben werden. Auf der WAIS (Wechsler Adult Intelligence Scale = Erwachsenen-Intelligenzskala von Wechsler) kann man seine Punktzahl durch Zeit-Pluspunkte um mehr als 10 IQ-Einheiten erhöhen.

Eine kleine Untersuchung von Siegman (1956) weist auf die Wirkung der Angst auf die Leistung bei Intelligenztests als Funktion der vorgeschriebenen Lösungszeit hin. Tafel XI zeigt die durchschnittlichen Punktzahlen, die auf der WAIS bei Subtests mit und ohne zeitliche Begrenzung von verschiedenen Gruppen von Versuchspersonen erreicht wurden, welche auf der MAS hoch und niedrig rangierten. Die sehr Ängstlichen schnitten bei den Subtests ohne Zeitlimit besser und bei denen mit Zeitlimit schlechter ab als die weniger Ängstlichen. Die Wirkungen haben jedoch die Tendenz, sich gegenseitig aufzuheben, so daß die Auswirkung auf den Gesamtkennwert minimal ist. Dies ist eine Erklärung dafür, wieso die MAS Punkte gewöhnlich zu den Gesamtpunktezahlen von Intelligenztests keine Beziehung aufweisen. Es erklärt auch, wieso gelegentlich von einer geringen reziproken Beziehung zu den IQ Punktzahlen berichtet wird, wenn der Test innerhalb einer bestimmten Zeit absolviert werden mußte.
Die Resultate lassen vermuten, daß die Angst als energiefördernder Antrieb im Sinn von Spence wirkt, wenn die Aufgabe nicht zeitgebunden ist, und daß sie gemäß der Yale-Theorie leistungsirrelevante Reaktionen auslöst, wenn das Tempo die Bewertung der Leistung erhöht.

Tafel XI

Wirkung der Angst auf Intelligenzmessungen mit und ohne Zeitlimit*)

	Durchschnittliche Punktzahlen bei		
Gruppe	Subtests mit Zeitlimit	Subtests ohne Zeitlimit	allen Subtests
sehr ängstlich	10,1	11,5	10,7
wenig ängstlich	11,7	10,9	11,4

*) Daten von Siegman (1956)

IX. Angst und Persönlichkeit

Persönlichkeit ist das umfassendste Konstrukt der Verhaltensforscher. Gewöhnlich wird die Ansicht vertreten, daß es sämtliche

Aspekte des Individuums mit Ausnahme der anthropometrischen, physiologischen und intellektuellen Attribute in sich begreift. Von diesen nimmt man zwar an, daß sie einen Einfluß auf die Persönlichkeit ausüben, doch betrachtet man sie nicht unmittelbar als deren Bestandteile.

Man stellt sich vor, daß die Persönlichkeit aus Einheiten oder Elementen zusammengesetzt ist, die das Verhalten des Menschen beeinflussen, so daß es trotz wechselnder Umstände relativ stabil und beständig ist und daher vorausgesagt werden kann. Diese Elemente bezeichnet man als »verallgemeinerte Habits«, als »determinierende Tendenzen«, als »Gefühle« und so weiter. Die Bezeichnung *Trait* (Wesenszug oder Persönlichkeitseigenschaft) ist zwar nicht die neueste, vermutlich aber immer noch die am weitesten verbreitete.

Wesenszüge werden in der Umgangssprache mit Eigenschaftsworten wie »passiv«, »gesellig«, »tonangebend« und ähnlichen bezeichnet. Einige Theoretiker haben versucht, aus Wesenszügen *Persönlichkeitstypen* aufzubauen. Die bekannteste Typologie ist C. G. Jungs Triade extravertiert-introvertiert-ambivertiert. Solche Typologien werden auch heute noch gelegentlich von philosophisch orientierten Theoretikern vertreten, doch hat die Verhaltensforschung sie aufgegeben. Sie sind ihr zu allgemein und unbestimmt. Die Vielfalt menschlicher Verhaltensweisen ist zu groß, als daß man sie in einem einfachen Typensystem unterbringen könnte.

Versucht man die Persönlichkeit mit Wesenszügen oder irgendwelchen anderen Begriffen zu beschreiben, so ergeben sich verschiedene methodologische Schwierigkeiten, die hier nicht ausführlich behandelt werden können. Uns muß der Hinweis genügen, daß der Begriff Wesenszug ein Konstrukt ist.

Beschreibt man einen Menschen als »gesellig«, so meint man damit, daß er gewisse Verhaltensweisen zeigt, daß er zum Beispiel ständig die Gesellschaft anderer sucht, daß es ihm offenbar Freude macht, mit ihnen zu verkehren, daß er weniger gern allein ist und daß ihn dies unter Umständen sogar nervös macht. Diese Verhaltensweisen könnte man mit gleichem Recht auch unter dem Wesenszug »umgänglich« zusammenfassen, oder man könnte sie als Gegensatz zum Wesenszug »ungesellig« oder »ablehnend« definieren.

Wichtig ist, daß der Wesenszug selbst, welchen Namen man ihm auch immer gibt, außerhalb der Verfahren und Methoden, die zu seiner Messung verwandt werden, keine unabhängige Existenz besitzt. Man muß sich hüten, die wissenschaftliche Bedeutung eines Wesenszugs mit der lexikographischen Definition des Adjektivs zu verwechseln. Natürlich wählt sich der Wissenschaftler einen bestimmten Namen für den betreffenden Wesenszug und benutzt diesen in seiner landläufigen Bedeutung, doch wird er tatsächlich für ihn durch Meßmethoden und nicht durch das Wörterbuch definiert.

Gibt es eine »ängstliche Persönlichkeit«?

Ängstlichkeit oder Neigung zur Angst ist ein Persönlichkeitsmerkmal wie andere, und es fragt sich, ob es zu gewissen anderen Wesenszügen in Beziehung steht. Besitzt jemand, der stark zur Angst neigt, auch noch andere Wesenszüge, die sich von denen seiner weniger ängstlichen Mitmenschen unterscheiden? Gibt es eine Konstellation von besonderen Persönlichkeitsmerkmalen, die mit einer starken Neigung zur Angst Hand in Hand gehen, so daß man vielleicht von einer *ängstlichen Persönlichkeit* reden könnte?
Viele Untersuchungen wurden angestellt, um diese Frage zu klären. Mit wenigen Ausnahmen sind die Ergebnisse zweifelhaft, mehrdeutig oder widerspruchsvoll. Beim gleichen Experiment kann sich herausstellen, daß eine sehr ängstliche Versuchsperson nach dem einen Meßverfahren eine größere Starrheit und nach einem andern eine geringere und nach einem dritten die gleiche zeigt wie eine Testperson von geringer Ängstlichkeit.
Experimentatoren haben es gewöhnlich mit Durchschnittswerten zu tun. Sämtliche Feststellungen im vorigen Abschnitt implizieren den Ausdruck »im Durchschnitt«. Aber ein Durchschnittswert ist nicht die einzige Möglichkeit, die Verteilung der von einer Gruppe von Versuchspersonen erreichten Punktzahlen zu kennzeichnen. Verteilungen, die identische Durchschnittswerte ergeben, können trotzdem ganz verschieden sein. Geht man von der Annahme aus, daß Verteilungen völlig symmetrisch sind, so kann ein Durchschnittswert von 50 ebenso gut für Verteilungen im Bereich zwischen 0–100 wie für solche zwischen 25–75 und zwischen 45–55 gelten. Die Tatsache, daß zwei Gruppen von Testpersonen nach einem Meßverfahren die gleichen Durchschnittspunktzahlen haben, bedeutet nicht, daß sie auch in bezug auf den gemessenen Wesenszug genau miteinander übereinstimmen. Die *Varianz* der Punktzahlen kann beträchtliche Unterschiede aufweisen.
Eine Wirkung eines hohen Angstniveaus sowohl bei der Angst als Wesenszug als auch bei der Angst als Momentzustand ist, daß sie die Varianz der Reaktionen innerhalb einer Gruppe vergrößert, selbst wenn dies nicht in der mittleren Punktzahl zum Ausdruck kommt. Die Vergrößerung der Varianz der Leistung bei Lernauf-

gaben und intellektuellen Aufgaben geht deutlich aus den Untersuchungen von Mandler und Sarason (1952), von Sarason (1957) und aus einer Reihe früherer Forschungen hervor, über welche Lazarus und seine Mitarbeiter 1952 berichteten. Bei einem Experiment von Sarason (1957) wiesen die sehr ängstlichen Versuchspersonen unter Streß eine fast um 60 Prozent größere Varianz auf, und die Varianz ihrer Leistungen war zweieinhalb mal größer als bei der wenig ängstlichen Gruppe.

Schwab und Iverson berichteten 1964, daß eine ängstliche Testgruppe in bezug auf die Zeit, die sie brauchte, um eine optische Verzerrung zu erkennen, eine neunmal größere Varianz zeigte, als eine Gruppe mit geringer Angst. Unter Streß ergab sich bei beiden Gruppen eine etwas größere Varianz der Leistungen. Bei der Gruppe mit geringer Angst erhöhte sich die Varianz um ein Drittel. Die einfachste Erklärung hierfür ist, daß der Streß die Leistung einiger Versuchsteilnehmer vergrößerte und die anderer beeinträchtigte. Nimmt man an, daß beide Wirkungen äquivalent sind, so ändert sich die Durchschnittsleistung nicht. Die Streßwirkung äußert sich nur in einer größeren Varianz in der Verteilung der Punktzahlen. Werden mehr Personen in ihrer Leistung angespornt, so kann sich hierdurch der Gruppendurchschnitt erhöhen. Werden die meisten Leistungen beeinträchtigt, sinkt der Gruppendurchschnitt ab. In beiden Fällen dürfte jedoch eine Zunahme der Varianz zu verzeichnen sein.

Es ist zweifelhaft, ob die Leistung bei einfachen intellektuellen und perzeptorischen Aufgaben jemals ein valides Meßverfahren für die Persönlichkeit sein kann, doch werden die Reaktionen auf den Rorschach-Test von den Psychologen allgemein als Persönlichkeitsmaßstab anerkannt, wenn auch nicht immer sicher ist, welchen Aspekt man damit mißt. Westrope hat 1953 bei fünf Rorschach-Tests von einer größeren Varianz der Reaktionen in einer sehr ängstlichen Gruppe berichtet.

Feshbach und Singer interessierten sich 1957 für die Wirkung von bedrohlichen Mitteilungen auf die Äußerung von Rassenvorurteilen.

Die Mitteilungen, welche unabhängigen Gruppen von Testpersonen gemacht wurden, bezogen sich auf die belastenden Aspekte von Heiraten, Geisteskrankheiten, Feuer, Überschwemmungen und Atomkriegen. Sämtliche Gruppen zeigten unter dem Einfluß dieser Drohungen eine größere Varianz der Rassenvorurteile als die unbelastete Kontrollgruppe, obwohl nur zwei der fünf Drohungen die erwartete durchschnittliche Verstärkung der Vorurteile bewirkten.

Eine Verbreiterung der Varianz von Punktzahlen wird vom Versuchsleiter leicht übersehen oder nicht mitgeteilt. Meist interessieren ihn nur die durchschnittlichen Unterschiede. Einem Unterschied in der Varianz ist nur selten mit einer einfachen Erklärung beizukommen. Wenn die ängstliche Gruppe beim Wesenszug im Durchschnitt eine höhere Punktzahl erreicht, liegt die Interpretation auf der Hand. Was aber bedeutet es, wenn diese Gruppe in ihren Punktzahlen beträchtlich stärker variiert und die Durchschnittswerte dabei unverändert bleiben oder auch nicht?

Kehren wir noch einmal kurz zu den Abwehrmaßnahmen zurück und betrachten wir eine Person, deren primärer Abwehrmechanismus Verdrängung ist. Ist ihre Angst aus irgendeinem Grund groß, so zieht sie sich immer mehr in sich selbst zurück und wird in dem Maß, wie ihre Abwehrmaßnahmen sich verhärten und ausweiten, immer gehemmter. Unter den gleichen Bedingungen wird jemand, dessen Hauptabwehrmechanismus Regression ist, wahrscheinlich bei anderen Menschen nur noch mehr nach Hilfe und Befriedigung seiner Bedürfnisse suchen und daher in verstärktem Maß mit ihnen Verbindung aufnehmen. Mit anderen Worten, die verhaltensmäßige Wirkung großer Angst ist bei diesen beiden Personen genau entgegengesetzt, weil sie verschiedene primäre Abwehrmechanismen anwenden. Ähnlich wird jemand mit obsessiv-kompulsiven Abwehrmaßnahmen zunehmend starr und stereotyp reagieren, während ein anderer, dessen Abwehrmechanismus schon ernsthaft geschwächt ist, völlig zusammenbrechen kann.

Viele Theoretiker haben die Ansicht geäußert, daß Angst und Aggressivität verwandte Emotionen seien, doch ist diese Korrelation noch nie durch eine experimentelle Untersuchung verläßlich nachgewiesen worden. Auch dies mag auf die individuellen Unterschiede in den Abwehrmechanismen zurückzuführen sein. Personen, die dazu neigen, die Projektion als Abwehrmaßnahme einzusetzen, dürften mit wachsender Angst auch aggressiver werden. Wer dagegen zur Vermeidung oder Regression oder vielleicht auch zu einem anderen Abwehrmechanismus neigt, wird sich bei wachsender Angst weniger aggressiv verhalten.

Die individuellen Unterschiede in den primären Abwehrmechanismen stellen eine einleuchtende Erklärung dafür dar, weshalb eine starke Ängstlichkeit oder weshalb Streßbedingungen die Varianz der Meßergebnisse von Leistungen oder Wesenszügen bei jeder beliebigen Testgruppe verbreitern, obwohl die Mittelwerte hierdurch nicht beeinflußt zu werden brauchen.

Theoretisch besteht die Auffassung, daß Abwehrmechanismen und Wesenszüge eng miteinander verbunden sind. Freud sah in den meisten Wesenszügen der Erwachsenen die Wirkung von Fixierun-

gen in den ersten Lebensjahren, doch ist es der Forschung bisher nicht gelungen, die Zwischenbeziehungen nachzuweisen, welche diese Ansicht bestätigen würden (vgl. Sears, 1943). Die heute vorherrschende Auffassung ergibt sich aus der Theorie des Analytikers Wilhelm Reich. Nach Reich (1949) entstehen Wesenszüge weitgehend aus der Anwendung bestimmter Abwehrmechanismen. Der Wesenszug Sauberkeit ist beispielsweise eine unausweichliche Folge der Anwendung von Zwang als Abwehrmaßnahme; Introversion ist eine Folge der Verdrängung und so weiter. Reich prägte die Bezeichnung *Charakterpanzer*, um die enge Verbindung von Abwehrmaßnahmen und Wesenszügen zum Schutz gegen das Bewußtwerden der Angst zu kennzeichnen.
Der Begriff des Charakterpanzers ist nie sorgfältig ausgearbeitet worden. Reich war kein Wissenschaftler. Sein Theoretisieren ist verschwommen und oft nicht ganz logisch. Die klinischen Praktiker bedienen sich jedoch gern des Begriffs des Charakterpanzers. Sie schließen aus dem Verhalten ihrer Patienten auf die Existenz eines bestimmten Abwehrmechanismus oder auf einen bestimmten Wesenszug. Sie sind also der Meinung, daß bestimmte Abwehrmaßnahmen und Wesenszüge in einer festen Beziehung stehen. Der Wesenszug ist das Etikett für eine bestimmte Verhaltensweise. Die Abwehrmaßnahme ist ein Konstrukt höherer Ordnung, welches das Verhalten zu erklären versucht. Man könnte auch sagen, die Wesenszüge sind das Etikett für bestimmte Verhaltensweisen, aus denen man auf die Existenz der Abwehrmechanismen schließt. Tabelle XII zeigt die theoretischen Beziehungen zwischen einigen Wesenszügen und Abwehrmechanismen. Sie stellt eine rein spekulative Analyse dar, die nicht mit den empirisch ermittelten Beziehungen zu verwechseln ist.
Der Gedanke an eine Verbindung zwischen Verteidigungsmechanismus und Wesenszug hat den Vorteil, daß man damit wenigstens auf theoretischer Ebene erklären kann, warum viele Untersuchun-

Tafel XII

Theoretische Beziehungen zwischen Abwehrmechanismen und Wesenszügen.

Abwehrmechanismus	Wesenszüge
Verleugnen	eigensinnig, rechthaberisch, phantasielos
Projektion	zum Kritisieren neigend, intolerant, aggressiv
Regression	abhängig, anspruchsvoll, verantwortungsscheu
Zwangshandlung	starr, ordentlich, engstirnig, grüblerisch
Verdrängung	gehemmt, introvertiert, vorsichtig

gen der Beziehung zwischen Angst und Persönlichkeit negativ oder mehrdeutig ausgehen und warum die Angst so oft die Varianz des Verhaltens innerhalb einer Versuchsgruppe erhöht, ohne die mittlere Verhaltenstendenz damit notwendigerweise zu beeinflussen.

Angst und Persönlichkeitsstile

Die bisherigen Versuchsergebnisse stützen nicht den Begriff einer »ängstlichen Persönlichkeit«, die – von der Ängstlichkeit selbst abgesehen – an bestimmten Wesenszügen zu identifizieren wäre. Der Wesenszug ist jedoch nicht der einzige Begriff, mit dem man die Persönlichkeit zu beschreiben versucht hat. Konstrukte wie Emotionen, Bedürfnisse, Gefühle, Werte und Haltungen gelten ebenfalls als Komponenten der Persönlichkeit. Manchmal sieht man darin Wesenszüge, manchmal auch nicht. Gewisse Attribute, die man im allgemeinen nicht zu den Wesenszügen rechnet, gehören zweifellos ebenfalls in die Kategorie der Persönlichkeitsfaktoren. Man könnte sie als Persönlichkeitsstile bezeichnen.
Theoretisch weisen Persönlichkeitsstile und Wesenszüge bezüglich der Breite ihres Einflusses auf das Verhalten geringe Unterschiede auf. Man nimmt an, daß Persönlichkeitsstile einen weitreichenden Einfluß auf das Leben des einzelnen und auf dessen Funktionen ausüben. Auch hat es den Anschein, als wiesen sie zu den Verteidigungsmechanismen keine Beziehung auf, oder doch keine so enge wie die Wesenszüge.
Vielleicht ist der Unterschied auch nur eine Sache des Sprachgebrauchs oder persönlichen Geschmacks, was eine weitere Diskussion natürlich überflüssig machen würde. Prüfen wir daher im folgenden lieber einige Daten, welche die Beziehungen zwischen der allgemeinen Ängstlichkeit und dem betreffen, was wir hier Persönlichkeitsstil nennen wollen.

Selbstachtung

Jemand mit einer starken Neigung zur Angst wird sich leichter bedroht fühlen als andere. Ein solcher Mensch hat eine relativ geringe Meinung von sich selbst, eben weil er sich leicht bedroht fühlt. Daß diese Beziehung besteht, zeigt sich am deutlichsten an der Leistungs- oder Testangst. Die Angst ist dabei groß, weil der Betreffende an seiner Fähigkeit zweifelt, bei einer Aufgabe oder einem Test erfolgreich abzuschneiden. Mit seinen tatsächlichen Fähigkeiten braucht dies nichts zu tun zu haben, es hängt lediglich davon ab, wie er sich selber sieht. So könnte man sagen, daß eine geringe Selbstachtung eine wichtige Ursache der Überängstlichkeit ist.

Eine derartige Beziehung hat Rosenberg 1962 festgestellt. Er untersuchte die Selbstachtung von mehr als fünftausend Highschool Schülern der unteren und oberen Klassen anhand eines Fragebogens mit zehn Beispielen wie: »Im großen und ganzen bin ich mit mir zufrieden« und »Ich habe das Gefühl, daß ich wenig Ursache habe, stolz auf mich zu sein«. Ein etwas grober Maßstab für die Angst ergab sich aus Eigenberichten über körperliche Symptome, die mit Angstgefühlen Hand in Hand gingen. Rosenberg stellte eine deutliche reziproke Beziehung zwischen Selbstachtung und Angst fest, woraus hervorgeht, daß ein hohes Angstniveau in der Regel mit einem niedrigen Selbstachtungsniveau verbunden ist.

Schuldgefühle

Erinnern wir uns, daß Schuldgefühl nach Freud nur eine andere Form von Angst, von moralischer Angst ist, eine verkappte Furcht, wegen eines moralischen Fehltritts bestraft zu werden. Aufgrund seiner Abwehrstrategie, vor allem durch Verdrängung, wozu es bereits relativ früh im Leben kommt, erlebt der Betreffende seine Angst mehr in Form von Schuldgefühlen denn als Furcht vor Strafe. 1937 hat Horney diesen Zusammenhang treffend formuliert:

»... geht man Schuldgefühlen auf den Grund und prüft man sie auf ihre Echtheit, so stellt sich heraus, daß vieles, was wie Schuldgefühl aussieht, entweder ein Ausdruck von Angst oder eine Verteidigungsmaßnahme gegen diese Angst ist... In unserer Kultur gilt es für edler,... etwas aus Gewissensgründen zu unterlassen, als aus Angst erwischt zu werden. Mancher Ehemann, der behauptet, aus Gewissensgründen treu zu sein, hat in Wirklichkeit Angst vor seiner Frau. Durch die bei Neurosen vorhandene starke Angst neigt der Neurotiker öfter als der normale Mensch dazu, die Angst hinter Schuldgefühlen zu verbergen.«

Freuds moralische Angst und Horneys Angst, erwischt zu werden, äußern sich auf die gleiche Weise. Deshalb und vermutlich auch noch aus andern Ursachen haben sich nur wenige Experimentatoren mit dem Schuldgefühl als einem eignen Konstrukt beschäftigt.
Einen der wenigen Versuche, den Unterschied zwischen der Neigung zur Angst und der Neigung zu Schuldgefühlen festzustellen, hat Lowe 1964 unternommen. Wie wir bereits sahen, wurden die Beispiele der MAS auf Vorschlag von Klinikern aus denen des *Minnesota Multiphasic Personality Inventory* ausgewählt. Lowe machte nun das gleiche für die Schuldgefühle und ließ die Beispiele von vier klinischen Psychologen aussuchen. Man einigte sich auf 44

von den insgesamt 550 Beispielen des MMPI. Nur sechs davon finden sich auch in den von Taylors Gewährsleuten ausgewählten 50 Beispielen der MAS. Nach Lowes Ansicht war dies ein deutlicher Hinweis, »daß die Schiedsrichter der beiden Skalen bei ihrer Auswahl von völlig verschiedenen psychologischen Konstrukten geleitet wurden«.

Bei mehreren Gruppen normaler Personen und psychiatrischer Patienten betrug die Korrelation zwischen der MAS und der Schuldgefühlskala von Lowe im Durchschnitt 0,75. Dieser Koeffizient kommt der Verläßlichkeit beider Skalen nahe, was darauf schließen läßt, daß man die Schuldgefühlskala praktisch als eine Alternativform der MAS benutzen könnte.

Die geringe Zahl von Beispielen weist andererseits darauf hin, daß es gerechtfertigt ist, in der Neigung zu Schuldgefühlen ein eigenes Konstrukt zu sehen. Die äußerst hohe Korrelation zwischen beiden Skalen ist dahingehend zu interpretieren, daß Angst und Schuldgefühl – wenn man sie auch als getrennte Konstrukte betrachtet – doch enge Beziehungen aufweisen. Es läßt sich daraus schließen, daß Personen mit starker Neigung zur Angst auch zu stärkeren Schuldgefühlen neigen. Eine andere Interpretation wäre, daß Angst und Schuldgefühl in Wirklichkeit keine verschiedenen Konstrukte sind und daß das Schuldgefühl, so wie Freud postuliert, nur eine andere Form der Angst ist.

Hypnotisierbarkeit

Jahrzehntelang herrschte die allgemeine Ansicht, daß emotional gestörte Personen, die durch ein relativ hohes Angstniveau charakterisiert sind, leichter zu hypnotisieren seien als besser angepaßte. Erst in den letzten Jahren hat sich dies als Irrtum herausgestellt, und die neuere Forschung vertritt den Standpunkt, daß psychiatrische Patienten auf Hypnose *weniger* gut ansprechen als normale Menschen.

Noch deutlicher zeigt sich der Zusammenhang zwischen Angst und Hypnotisierbarkeit innerhalb der normalen Gruppe selbst. Bei einer Untersuchung von Levitt, Brady und Lubin (1963) erreichte eine Gruppe weiblicher Versuchspersonen, die sich als nicht hypnotisierbar erwies, auf der Angstskala des *Institute for Personality and Ability Testing* 32 Punkte. Eine sonst vergleichbare, aber äußerst gut auf Hypnose ansprechende Gruppe hatte einen mittleren Kennwert von nur 22.

Dieses Verhältnis ist deshalb besonders interessant, weil zwischen der Hypnotisierbarkeit und Persönlichkeitsmerkmalen im üblichen

Sinn des Konstrukts im allgemeinen keine Beziehungen zu erkennen sind. Dagegen wird von Persönlichkeitsstilen, Haltungen und vergangenen Erfahrungen häufig angenommen, daß sie auf die hypnotische Ansprechbarkeit von Einfluß sein könnten; doch sind bis jetzt noch keine definitiven Beziehungen nachgewiesen worden. Es könnte sein, daß sich die Neigung zur Angst als entscheidender Faktor für die Hypnotisierbarkeit herausstellt.

Neugier

Eine einfache Überlegung sagt, daß sich ein ängstlicher Mensch von unbekannten Umständen bedroht fühlt und daher ein wohlvertrautes Milieu, selbst wenn es alltäglich und uninteressant ist, vorziehen wird. Ein solches Verhalten läßt auf ein allgemeines Vermeiden als Abwehrhaltung schließen. Der Kliniker spricht von einem »Einschränken des Operationsbereichs, um Angst zu vermeiden«. Es scheint sich dabei um eine verbreitete Abwehrstrategie zu handeln. Es folgt daraus, daß ängstliche Menschen weniger *neugierig* sind, daß sie weniger daran interessiert sind, neue Gebiete zu erforschen und neue Erfahrungen zu sammeln. Diese Tendenz, sich zu beschränken, kann sich selbst bei relativ trivialen Gelegenheiten äußern.

Penney und McCann gelang es 1964, die Neugier experimentell klarer als Persönlichkeitsstil zu definieren. Sie stellten eine »reaktive Neugierskala« für Kinder auf, die Sätze enthielt wie: »Es macht mir Spaß, die großen Häuser in der Stadt von innen zu sehen«, »ich höre gern etwas Neues über Menschen in andern Ländern« und »mir gefällt ein Ort um so besser, je öfter ich dort war«. Die im mittleren Grundschulklassen von Penney (1965) ermittelten Punktzahlen auf dieser Skala standen in reziprokem Verhältnis zu denen der MAS für Kinder.

Sensationslust

Die jüngste Entwicklung hat die Verhaltensforscher zu der Theorie geführt, daß der menschliche Organismus ein optimales Niveau der allgemeinen sensorischen und emotionalen Stimulation braucht, um das psychologische Gleichgewicht aufrechtzuerhalten. Eine zu geringe Stimulation (sensorische Deprivation) oder zuviel Stimulation sensorische Überlastung) führen beide zu emotionalen Störungen und ungeordnetem Verhalten.

Wie andere menschliche Attribute ist das optimale Stimulationsniveau höchstwahrscheinlich individuell verschieden und hängt von zahlreichen Faktoren ab. Eine Veranlagung zur Angst dürfte zu diesen Faktoren gehören.

Die Möglichkeit einer solchen Beziehung wird noch einleuchtender, wenn wir das Konstrukt »optimales Stimulationsniveau« in Bezeichnungen für Verhaltensweisen übersetzen. »Stimulation« hat die Nebenbedeutung von Interesse am sinnlich Wahrnehmbaren, am Neuen, Fremden und Unvorhergesehenen. Nach all dem verlangt ein Mensch mit hohem optimalem Stimulationsniveau. Ein Mensch mit einem entsprechend niedrigen Niveau sucht dagegen das Gemäßigte, Regelmäßige, Vorauszusehende und Vertraute, wobei er offensichtlich das Vermeiden als Abwehrstrategie anwendet.
Diese Gedankengänge veranlaßten 1964 Zuckerman und seine Mitarbeiter, einen Fragebogen zur Sensationslust zwecks operationeller Definition des optimalen Stimulationsniveaus aufzustellen. Auf dieser Skala, die 34 Beispiele enthält, wurden Punktzahlen erreicht, die eine mäßige reziproke Korrelation mit den Punktzahlen der allgemeinen Form der *Affect Adjective Check List* aufweisen. Offenbar wird das optimale Stimulationsniveau – oder die Sensationslust, um eine plausiblere Bezeichnung des Konstrukts zu gebrauchen – durch die Ängstlichkeit etwas herabgesetzt, was daher kommen dürfte, daß von allem Neuen, von starken sinnlichen Eindrücken und dem Unvorhergesehenen eine Streßwirkung ausgeht. Der Ängstliche benötigt zur Aufrechterhaltung seines emotionalen Gleichgewichts weniger Stimulation und ist vielleicht gegen Reize ganz allgemein empfindlicher.
Dies paßt zu den Erkenntnissen über die Neugier. Die Sensationslust des Erwachsenen ist bis zu einem gewissen Grad mit der Neugier des Kindes zu vergleichen.

Tagträumen

Die Einbildungskraft oder *bewußte Phantasie*, die Fähigkeit, Empfindungen, Wahrnehmungen und Gefühle, die im Innern des Organismus erregt werden, bewußt zu erfahren, scheint ausschließlich dem Menschen vorbehalten. Das am weitesten verbreitete Phänomen des bewußten Phantasierens hat sowohl seine positiven als auch seine negativen Aspekte. Es kann dazu dienen, sich auf etwas zu freuen, sich ein angenehmes Erlebnis noch einmal zu vergegenwärtigen, sich etwas Praktisches auszudenken oder für die Zukunft zu planen. Es kann angenehme Träume von Erfolg und Leistung gewähren. In solchen Phantasieleistungen kann sich eine realistische Motivation widerspiegeln, oder sie können sich auf Höhen des Lebens beziehen, die dem Träumenden in Wirklichkeit unerreichbar sind. Die Phantasie kann den Menschen aber auch mit unausweichlicher Angst, Scham und Schuldgefühlen foltern.

Tagträumen – wie die landläufige Bezeichnung für das bewußte Phantasieren lautet – findet man auf allen Altersstufen, wenn es auch in der Kindheit am häufigsten ist. Die Korrelation mit dem Alter läßt eine andere Beziehung vermuten: Je mehr ein Mensch tatsächlich leisten kann, desto weniger dürfte er zum Tagträumen neigen. Dies läßt außerdem vermuten, daß das Tagträumen wenigstens gelegentlich ein Ersatz für andere Verhaltensweisen sein kann. Die reziproke Beziehung zwischen Angst und Sensationslust weist darauf hin, daß ängstliche Personen im allgemeinen einen beschränkteren Funktionsbereich haben. Sie dürften mehr dazu neigen, ihre Aktivität in Tagträumen zu erschöpfen als Ersatz für eine reale Tätigkeit, an welcher sie ihre Angst weitgehend hindert. Sollte dies tatsächlich zutreffen, müßte zwischen der allgemeinen Ängstlichkeit und dem Tagträumen eine direkte Beziehung bestehen.

Die wenigen uns zur Verfügung stehenden Versuchsergebnisse zeigen einstimmig, daß diese Korrelation zwischen Ängstlichkeit und häufigem Tagträumen tatsächlich besteht. Der ängstliche Mensch wird häufiger als der wenig ängstliche in Tagträumen Heldentaten vollbringen oder materiellen Besitz oder eine hohe gesellschaftliche Stellung erringen, die ihm im wirklichen Leben versagt bleiben. Die Vermutung liegt nahe, daß die »ängstliche Persönlichkeit« aus einer Konstellation von Persönlichkeitsstilen besteht. Der typisch ängstliche Mensch besitzt geringe Selbstachtung, neigt zu Schuldgefühlen, gibt sich mehr als andere Tagträumen hin und ist weniger neugierig und sensationslüstern und schwerer zu hypnotisieren. Diese Erkenntnisse stammen jedoch aus voneinander unabhängigen Untersuchungen, und es wäre daher unvorsichtig, daraus schließen zu wollen, daß die verschiedenen Stile tatsächlich in einer Konstellation vereinigt sind. Wahrscheinlich trifft auf eine Untergruppe von ängstlichen Personen die reziproke Korrelation mit der Selbstachtung, auf eine andere die direkte Korrelation mit dem Tagträumen zu und so weiter. Bei einem bestimmten Menschen kann man die Ängstlichkeit in Verbindung mit einem oder mehreren Persönlichkeitsstilen finden, dagegen nicht zusammen mit anderen Stilen, obwohl diese bei dritten Personen mit deren Ängstlichkeit korrelieren können.

Hilgard hat diese verschiedenen Korrelationen 1964 vorzüglich dargelegt. Seine Untersuchungen zeigen, daß hypnotische Ansprechbarkeit bei *einigen* gut hypnotisierbaren Testpersonen mit Sensationslust direkt korrelierte. Dies war zu erwarten, da beide Faktoren, wie wir sahen, reziprok mit der Ängstlichkeit korrelieren. Bei einer *anderen* gut hypnotisierbaren Gruppe standen hypnoti-

sche Ansprechbarkeit und Tagträumen in direkter Korrelation, was *nicht* zu erwarten war, da Tagträumen mit Ängstlichkeit direkt korreliert.
Hieraus ist zu schließen, daß es die »ängstliche Persönlichkeit« vermutlich nicht gibt, wohl aber vielleicht mehrere verschiedene Arten von ängstlichen Persönlichkeiten, die verschiedene Persönlichkeitsstile oder Wesenszüge in sich vereinigen. Eine solche Hypothese ist jedoch nur in multivariaten Experimenten zu überprüfen, bei denen die Wechselbeziehungen zwischen Angst und einer Reihe von Persönlichkeitsfaktoren gleichzeitig untersucht werden müßten.

X. Die Angst im täglichen Leben

Sigmund Freud endete seine sensationelle Laufbahn in Enttäuschung und Pessimismus über die Zukunft der Menschheit. Glück als grenzenloses Erlebnis, als »ozeanisches« Gefühl, betrachtete er schließlich als ein vom Menschen vergeblich erstrebtes Ziel. Das Streben nach Lust ist eine Illusion. In Wirklichkeit sucht man nicht Lust, sondern man strebt danach, Schmerz und Spannung zu vermeiden.
Der bedeutendste Vertreter der Psychoanalyse hat seine Enttäuschung in der bitteren Monographie *Das Unbehagen in der Kultur* (1930) zusammengefaßt. Hier heißt es: »Die Absicht, daß der Mensch glücklich sei, ist im Plan der Schöpfung nicht enthalten.« Wenn Freud heute noch lebte, wäre er vermutlich Existentialist, einer jener Philosophen, die die Ansicht vertreten, daß das fundamentale Problem des Menschen darin besteht, daß er überhaupt existiert. Der *homo sapiens*, sagte auch der Psychoanalytiker Erich Fromm (1947), sei das einzige Tier, für das seine eigne Existenz ein Problem sei, das er lösen müsse und dem er nicht entrinnen könne.
Das Leben ist gewiß für niemand ein ruhiger Strom. Der Lebensprozeß besteht in einer ständigen Auseinandersetzung mit Umständen und Ereignissen, die unsere Abwehrmechanismen gegen die Angst auf die Probe stellen. Viele dieser Belastungen sind relativ gering, und der Mensch wird damit fertig, ohne unerträglichen

Spannungen ausgesetzt zu sein. Aber es gibt auch schwere Streßsituationen, gegen welche die Abwehrmechanismen machtlos sind und die das Angstniveau merklich erhöhen.
Die Belastungen des täglichen Lebens sind die Phänomene, mit denen sich der Verhaltensforscher auseinanderzusetzen hat, wenn er sich bemüht, das menschliche Verhalten vorauszusagen und unter Kontrolle zu bringen, um die gesellschaftlichen Verhältnisse zu bessern. Aber unser Wissen auf diesem Gebiet stammt nur zum kleinsten Teil aus der direkten wissenschaftlichen Forschung. Die meisten Kenntnisse über die Angst beziehen wir aus dem Laboratorium des Experimentators oder vom Schreibtisch des Klinikers. Die methodologischen Probleme der wissenschaftlichen Forschung im natürlichen Milieu waren bisher unüberwindlich.
Dennoch wäre dieses Problem unvollständig, wenn man die angsterregenden Ereignisse, denen der Mensch im Lauf seines Lebens ausgesetzt ist, ganz außer acht ließe. Einige dieser Belastungen, wie die Angst vor Krankheit, sind weit verbreitet. Andere, wie die soziale Isolation oder die soziale Überreizung, kommen weniger häufig vor, doch stellen sie für uns alle eine Bedrohung dar, besonders durch das ständige Anwachsen der nationalen und internationalen Spannungen.

Krankheit

Unter einem Hypochonder versteht man bekanntlich einen Menschen, der sich übertrieben mit seiner Gesundheit beschäftigt. Seine Angst zeigt sich in der ständigen Beobachtung seiner Körperfunktionen und darin, daß er sich nicht von der Harmlosigkeit seiner Symptome überzeugen läßt.
Von Hypochondrie, einst einer Standarddiagnose, ist heute kaum noch die Rede, wenn die Bezeichnung auch noch manchmal zur Beschreibung eines Symptoms verwandt wird. Als Primärdiagnose hat man sie aufgegeben, da unbedeutende körperliche Symptome und die Sorge um die leibliche Gesundheit bei psychiatrischen Patienten zwar sehr häufig vorkommen, aber nur selten ein Primärsymptom darstellen.
Angst vor Krankheiten ist auch unter normalen Menschen, die keine Anzeichen von Geistes- oder Gemütskrankheiten aufweisen, weit verbreitet. Was man als *Krankheitsangst* bezeichnen könnte, kann sich sowohl darauf beziehen, daß man sich ganz allgemein davor fürchtet, sich eine schwere Krankheit oder ein Leiden zuzuziehen, als daß man Angst vor Schmerzen, vor einer bestimmten

Behandlung, vorübergehender oder dauernder Invalidität, vor finanziellen Einbußen, vor einer Trennung von der Familie, vor persönlichen Veränderungen oder vor dem Tod hat. Sie kann sich auf einen selbst oder auf andere, besonders auf die Familienangehörigen, beziehen.

Zweiundfünfzig Prozent der 1962 von Robbins befragten normalen Frauen gaben offen zu, eine gewisse Angst zu haben, Krebs zu bekommen, was gegenwärtig die am meisten gefürchtete Krankheit zu sein scheint. Weitere sechsundzwanzig Prozent bekannten sich zu einer unbestimmten Angst. Krank zu werden war für sie »eine Quelle ernster Sorge«.

Das *Medical Attitude Inventory* von Robbins ist ein Fragebogen über die Krankheitsangst, dessen Beispiele mit »richtig« oder »falsch« zu beantworten sind. Aus den auf diese Weise erhaltenen Daten geht hervor, daß unter normalen Personen eine beträchtliche Angst vor Herz- und Geisteskrankheiten und Kinderlähmung[14] verbreitet ist. Die mit dem MAI gemessene Krankheitsangst zeigt mit der MAS eine Korrelation von 0,32, was darauf hinweist, daß ängstliche Personen mehr zur Angst vor Krankheiten neigen, wie sie ja auch anfälliger gegen andere spezifische Ängste sind.
Das Bildungsniveau spielt bei der Angst vor Krankheiten eine Rolle.

Robbins stellte fest, daß Befragte, die nur eine Highschool besucht oder noch weniger Schulbildung genossen hatten, bedeutend mehr Angst hatten als Testpersonen mit höherer Bildung. In einer großen von Levine 1962 befragten Gruppe von bereits graduierten Collegestudenten äußerten nur 51 Prozent eine erhebliche Angst vor Krebs im Vergleich zu 61 Prozent der Studenten mit elf oder weniger Schul- und Studienjahren.

Diese Ergebnisse lassen vermuten, daß das Wissen über eine Krankheit oder über Krankheiten im allgemeinen als Prophylaktikum gegen die Angst dienen kann oder daß die Krankheitsangst teilweise auf falscher oder mangelnder Information beruht. Andererseits neigten aber gerade die unter Levines Testpersonen, die behaupteten, »eine ganze Menge« über eine Krankheit zu wissen, mehr zur Angst davor als die, welche zugaben, keine spezifischen Kenntnisse darüber zu haben. Natürlich darf man die unbewiesene Behauptung eines Laien, er wisse »eine ganze Menge« über ein technisches Problem, nicht unbedingt als richtig ansehen. Falls sich die Behauptungen von Levines Versuchspersonen bestätigen sollten, müßte eine andere Hypothese aufgestellt werden, um die reziproke Korrelation zwischen Krankheitsangst und Bildungsniveau zu klären. Man könnte dann vermuten, daß Kenntnisse über eine Krankheit bei Laien keine Beziehung zu deren Bildungsstand haben und daß jemand um so besser in der Lage ist, sich eines Abwehrmechanismus zu bedienen, je gebildeter er ist.

In Robbins MAI erreichten Frauen höhere Punktzahlen als Männer, verheiratete Frauen höhere als ledige (bei Männern war es umgekehrt) und Eltern höhere als kinderlose Ehepaare. Diese Ergebnisse lassen vermuten, daß sich die Krankheitsangst nicht nur um den Betreffenden selbst, sondern auch um geliebte oder nahestehende Menschen dreht und daß Mütter in der Regel die Hauptsorge für die Gesundheit der Familie auf sich nehmen.

Bemerkenswert ist, daß die Angst vor Krankheiten mit prophylaktischen Maßnahmen nichts zu tun hat, wie daß man sich zum Beispiel gegen Grippe impfen lassen oder öfter ein Sanatorium aufsuchen würde. Die Vermutung liegt nahe, daß sich hierin die Abwehrmaßnahme der Vermeidung und des Nichtwahrhabenwollens spiegelt. Es könnte auch bedeuten, daß Eigenberichte nicht der geeignete Maßstab für die Angst vor der Krankheit sind.

Krankheitsangst ist oft nur ein Aspekt der allgemeinen Ängstlichkeit, wenn sie auch eine realere Grundlage besitzt als viele andere Befürchtungen ängstlicher Menschen. Es trifft ja tatsächlich zu, daß man sich immer wieder ernste Krankheiten zuzieht, die mit Leid oder Tod enden.

Levines Ergebnisse (1962) informieren über die Wirklichkeitsorientierung der Krankheitsangst. Die Menschen fürchten sich in der Regel *nicht* vor Krankheiten, die sie nicht unmittelbar bedrohen.

Alte Leute haben keine Angst vor Kinderlähmung, und junge fürchten die Arthritis nicht. 65 Prozent, die der Meinung waren, Krebs befalle viele Menschen, gaben ihre Angst vor dieser Krankheit zu, während es von denen, die glaubten, daß nur wenige daran erkranken, nur 42 Prozent waren.

Um mit Freud zu sprechen, kann es sich bei der Furcht vor Krankheit um eine neurotische Angst oder um Realangst handeln.

Chirurgie

Ein bevorstehender chirurgischer Eingriff ist für die meisten Menschen eine angsterregende Aussicht, ja geradezu der Inbegriff angsterregender Umstände. Janis hat dies 1958 folgendermaßen dargelegt:

»Vom psychologischen Standpunkt aus stellt eine größere chirurgische Operation eine Streßsituation dar, die Ähnlichkeit mit vielen anderen Katastrophen und Schicksalsschlägen aufweist, bei denen das ›Opfer‹ von drei Hauptgefahren bedroht wird: von der Möglichkeit, heftige Schmerzen aushalten zu müssen, ernste körperliche Schäden davonzutragen und zu sterben.«

Rothenberg schätzte 1966, daß jedes Jahr *zwölf Millionen* Menschen allein in den Vereinigten Staaten sich einer Operation unterziehen müssen. Diese ungeheure Zahl spricht dafür, daß hier eine wichtige Quelle der Angst im Volke zu suchen sein könnte und daß der Streß im täglichen Leben großenteils auch hierauf zurückzuführen sein dürfte.

1958 hat Janis eine gründliche Untersuchung der psychologischen Wirkungen einer Operation durchgeführt. Verglichen mit denen, die entweder große oder geringe Angst vor der Operation bekundeten, entwickelten Patienten, die eine mäßige Angst davor zeigten, weniger postoperative Symptome wie akute Angst, Depressionen und Aggression. Personen mit starker Angst vor der Operation haben nach Janis »eine chronische psychoneurotische Prädisposition«, da sie schon zuvor verschiedene akute Angstreaktionen durchgemacht haben. Das hohe postoperative Angstniveau scheint mit der Furcht zu tun zu haben, einen dauernden Schaden davongetragen zu haben, oder irgend etwas könnte bei der Operation mißglückt sein. Selbst Autoritätspersonen können solche Patienten kaum beruhigen.

Patienten mit mäßiger Angst vor der Operation scheinen die emotional Stabilen zu sein, die den Realitäten der Situation vernünftig ins Auge sehen. Sie haben zu den Autoritätspersonen, die sie behandeln, Vertrauen und benehmen sich, als ob es das Vernünftigste wäre, auch zu tun, was ihnen gesagt wird, und den Informationen, die man ihnen gibt, auch zu glauben.

Die Untersuchungen von Janis weisen eine bedeutsame Analogie zu dem Yerkes-Dodsonschen Prinzip auf, was die Beziehung zwischen dem Streß im Alltag und der emotionalen Anpassung an ihn betrifft. Die Fähigkeit, *eine gewisse* Angst zu empfinden und zu ertragen, wenn man sich einer tatsächlichen Bedrohung gegenübersieht, ist die gesündeste Art der Anpassung. Die Gefahr völlig zu bagatellisieren oder sie zu übertreiben, zeugt von weniger gesunden Anpassungsmethoden.

Zahnbehandlung

Die der Krankheitsangst zugrunde liegende Ursache variiert mit der spezifischen Pathologie (Robbins, 1962). Vor Krebs hat man in erster Linie Angst, weil er unheilbar sein und zum Tod führen könnte. Chronische körperliche Behinderung ist die Hauptursache der Angst vor Herzkrankheiten. Die Tuberkulose fürchtet man, weil sie die Trennung des Patienten von seiner Familie zur Folge hat, und so weiter.

Die tatsächliche Behandlung der Krankheit oder des Leidens ist im allgemeinen kein ins Gewicht fallender Grund für Krankheitsangst. Es gibt jedoch eine Ausnahme – das Zahnweh. Die Angst vor dem Stuhl des Zahnarzts spiegelt sich ausgiebig in volkstümlichen Geschichten, Romanen und Komödien. Aus wissenschaftlichen Untersuchungen geht jedoch hervor, daß es sich nicht nur um ein Thema für Witzblätter handelt.

46 Prozent der Teilnehmer an der Untersuchung von Robbins waren beunruhigt wegen ihrer Zähne. Dies ist eine beträchtliche Zahl, die nur noch von der Prozentzahl derer übertroffen wurde, die Angst vor Krebs äußerten. Aber nur zwei Prozent sorgten sich um ihre Zähne, während 89 Prozent Angst vor der Zahnbehandlung hatten.

Die Angst vor dem Bohrer des Zahnarztes ist ebenso verbreitet wie die Angst vor einer Blinddarmoperation oder vor der Entfernung eines Tumors. Das Angstniveau des Patienten beim Zahnarzt unterscheidet sich tatsächlich nicht von dem des Patienten auf dem Operationstisch.
Nach Robbins Ansicht hat die Angst vorm Zahnarzt mit dem Bildungsniveau und der allgemeinen Krankheitsangst nichts zu tun. Sie ist ebenso bei Gebildeten wie bei Ungebildeten zu finden, bei Menschen, die ganz allgemein Angst haben, krank zu werden, wie bei solchen, die diese Angst nicht kennen.
Angst vor einer Zahnbehandlung macht geneigt, dem Zahnarzt aus dem Weg zu gehen.

Kegeles hat 1963 gefunden, daß sich 49 Prozent von denen, die sich vor einer Zahnbehandlung fürchteten, einer Vorsorgeuntersuchung beim Zahnarzt unterzogen, im Vergleich zu 65 Prozent von denen, die keine Angst vor ihm hatten. Natürlich kann jemand, der einer diagnostischen Zahnbehandlung aus dem Weg geht, nicht die Auskunft bekommen, daß er die gefürchtete Behandlung nötig hat, was ein gutes Beispiel dafür ist, wie die Verleugnungs- und Vermeidungsmechanismen sich zum Schaden des Betreffenden auswirken.

Tod

Der Mensch ist wahrscheinlich der einzige lebende Organismus, der sein eignes Ableben als Folge natürlicher Ursachen vorauszusehen imstande ist. Es ist denkbar, daß sich ein Tier vor dem Tod fürchtet, wenn er ihm unmittelbar droht. Beim Menschen braucht die Angst vor dem Tod dagegen keine Beziehung zu bedrohlichen Umständen zu haben, und sie kann auch schon in jungen Jahren auftreten.

Die meisten Menschen sind sich bewußt, daß ihr Leben eines Tages ein Ende nehmen wird, woraus man schließen kann, daß die Furcht vor dem Tod allgemein ist und im menschlichen Leben eine wichtige Rolle spielt. Einige psychoanalytische Theoretiker halten die Thanatophobie[15] für die allen Ängsten zugrunde liegende Furcht und viele andere Ängste nur für ihre »trügerischen Verkleidungen«, wie Feifel sich 1965 ausdrückte.

Die Angst vor dem Tod ist nach Feifel die Furcht vor »völliger Vernichtung und dem Verlust der Identität«. Da jedoch der Zustand des Totseins, wie Masserman 1955 darlegte, nicht in der persönlichen Erfahrung begründet ist, liegt er jenseits aller Phantasie und allen Vorstellungsvermögens. Niemand kann sich wirklich vorstellen, wie es ist, wenn man nicht mehr existiert und das unvergleichliche Bewußtsein, welches das Selbst ist, verliert, um für immer ohne Bewußtsein zu sein. So trifft man nicht häufig auf eine Thanatophobie im wörtlichen Sinn. Man weiß nicht, wovor man sich eigentlich genau fürchten soll. Die Furcht vor dem unvorstellbaren Verlust des Selbst muß sich in der Angst vor den unzähligen Umständen ausdrücken, die zum Tode führen können, vor Krankheit, Unfällen, Naturkatastrophen und so weiter. Dies sind die »trügerischen Verkleidungen«.

Trotz der potentiellen Bedeutung der Angst vor dem Tod weiß die Verhaltensforschung nicht sehr viel darüber. 1959 beklagte sich Wahl, daß in der psychiatrischen und psychoanalytischen Literatur nicht einmal eine gute Beschreibung zu finden sei. Die wenigen verfügbaren Untersuchungsergebnisse lassen vermuten, daß die Angst vor dem Tod bereits bei Jugendlichen vorkommt (Alexander und Adlerstein, 1958) und daß sie nach der Kindheit unabhängig vom Alter ist (Feifel und Heller, 1961; Rhudick und Dibner, 1961). Der Jugendliche äußert ebensoviel Angst wie ein alter Mensch; Achtzigjährige bekunden keine größere Furcht als Fünfundsechzigjährige. Die Thanatophobie ist »bei den Sterbenden nicht unbedingt größer als bei den Lebenden«. Die Reaktion eines Menschen, der merkt, daß er an einer tödlichen Krankheit leidet, ist eher tiefe Depression als Angst (Glaser und Strauss, 1965). Vielleicht zeigt sich hierin die Verleugnungsstrategie, wenn der Tod näher heranrückt.

Dieses Leugnen erschwert es, die Angst vor dem Tod richtig abzuschätzen. Die Neigung älterer Leute, sich dieser Abwehrstrategie zu bedienen, verdunkelt vermutlich auch die Korrelation zwischen der Angst vor dem Tod und dem Alter.

So hat Swenson 1959 herausgefunden, daß nur 10 Prozent der Übersechzigjährigen zugaben, Angst vor dem Tod zu haben, und daß 44 Prozent

»deutlich ausweichende Antworten gaben«, was darauf hinweist, daß sie es vorzogen, nicht darüber nachzudenken.

Allem Anschein nach hat die Thanatophobie auch nichts mit dem Geschlecht und der Bildungsstufe zu tun (Rhudick und Dibner, 1961), doch hängt sie mit der emotionalen Stabilität zusammen (Feifel und Heller, 1961; Rhudick und Dibner, 1961). Möglicherweise könnte dies eine Folge des Zusammenbruchs der Abwehrmaßnahmen bei den Schlechtangepaßten sein.

Man glaubt meist, daß Religiosität ein Bollwerk gegen den Tod darstelle, doch wird diese Ansicht durch keine Versuchsergebnisse bestätigt. Kalish hat zum Beispiel 1963 festgestellt, daß die Angst vor dem Tod nichts mit der Zugehörigkeit zu einer Religion oder einem Glaubensbekenntnis oder mit dem Glauben an ein Leben nach dem Tod oder an Gott zu tun hat.

Die potentielle Bedeutung der Angst vor dem Tod für die menschliche Existenz ist trotz ihrer Wichtigkeit noch weithin unerforscht. Vielleicht ist es so, wie einige Forscher auf diesem Gebiet ironisch einräumen, daß die Wissenschaftler nichts vom Tod als Forschungsgebiet wissen wollen, weil die Beschäftigung mit ihm ihre eigene Verleugnungsstrategie gefährden würde.

Die Sozialpsychologie der Angst

Im natürlichen Milieu, in dem die meisten von uns den größten Teil ihres Lebens verbringen, leben noch andere menschliche Wesen. Das Versuchslaboratorium des Psychologen, in dem die Testperson allein sitzt, um sinnlose Silben auswendig zu lernen, ist kaum ein Musterbeispiel für eine reale Lebenssituation. Eine solche Untersuchung einer Leistung in völliger Abgeschlossenheit ermöglicht die Beobachtung des emotionalen Zustands und anderer persönlicher Züge des Betreffenden fern von den oft verwirrenden Einflüssen sozialer Einmischung und zwischenmenschlicher Beziehungen. Obwohl eine einzige persönliche Variable im Laboratoriumsexperiment deutlicher zu erkennen ist, bleibt doch fraglich, bis zu welchem Grad so gewonnene Erkenntnisse auf die Verhältnisse außerhalb des Laboratoriums verallgemeinert werden können, zumal wenn es sich um Situationen handelt, bei denen noch andere beteiligt sind. Ganz gewiß ist die isolierte Situation besonders irreführend, wenn die Untersuchung sich mit Haltungen, Meinungen und anderen kognitiven Phänomenen befaßt, die stark von sozialen Faktoren beeinflußt werden. Die Fähigkeit, Schmerzen zu ertragen, erwies sich bei objektiven Messungen als beträchtlich größer, wenn

die Versuchspersonen paarweise getestet wurden, als beim Einzeltest (Seidman u. a., 1957). Bei der Besprechung einiger Untersuchungen kommt Bovard (1959) zu dem Ergebnis, daß die Gegenwart anderer die Streßreaktionen reduziert und so eine »schützende Wirkung« auf den Organismus ausübt.
Das wachsende Interesse an der Eroberung des Raumes hat die Aufmerksamkeit der Verhaltensforschung auf die Sozialpsychologie der Emotionen gelenkt. Die Astronauten der Zukunft werden über längere Zeiträume hinweg eine eingeschränkte, einförmige sensorische Stimulation in einer stark reduzierten sozialen Umgebung auszuhalten haben. Wird dieses anormale Milieu nachteilige psychologische Folgen für sie haben? Die Gefühlsreaktionen der Raumfahrer werden gegenwärtig untersucht, doch sind die Erfahrungen mit der Raumfahrt noch zu begrenzt, um definitive Ergebnisse zu liefern. Im Augenblick müssen sich die Voraussagen auf Daten stützen, die unter analogen Umständen ermittelt wurden.

Verminderte Stimulation durch die Umgebung

Umweltbedingungen, welche die Stimulation des Organismus reduzieren, lassen sich auf verschiedene Weise klassifizieren. Die Reduktion der direkten Stimulation der Sinne wird als *sensorische Deprivation* oder als *sensorische Restriktion* bezeichnet. Zu einer *totalen* sensorischen Deprivation gehört stets die *soziale Isolation,* die völlige Abwesenheit anderer Menschen in der Umgebung des Betreffenden. Die soziale Isolation allein ist eine Form der partiellen sensorischen Restriktion. Eine wiederholte, monotone sensorische Stimulation stellt ebenfalls eine Form der sensorischen Deprivation dar. Ein enges, gleichförmiges soziales Milieu führt zur *sozialen Restriktion,* einer gemäßigten Form der sozialen Isolation. In solchen Fällen bleibt das Milieu in seiner physikalischen Struktur unverändert, und es gehören ihm stets die gleichen Menschen an. Wächst ein Säugetier in sozialer Isolation oder Restriktion auf, so beeinflußt dies merklich seine sensorische und intellektuelle Entwicklung. Intelligenz, Lernvermögen und Erkundungsdrang entwickeln sich später. Organismen, die normalerweise von ihren Erzeugern während der ersten Entwicklungsstadien aufgezogen werden, brauchen diese Aufmerksamkeit nicht nur, um zu überleben, sondern auch, um normale sensorische und kognitive Fähigkeiten zu entwickeln. Der Mensch, der von allen Geschöpfen die längste Zeit zur Aufzucht braucht, reagiert besonders empfindlich auf die schädlichen Wirkungen eines solchen Entzuges. Kinder, die ihre ersten Jahre in einem Waisenhaus zubrachten ohne die

relativ kontinuierliche Stimulation durch ihre Mutter, sind im weiteren Verlauf ihrer Kindheit häufig geistige Spätentwickler.
Eine mangelhafte Entwicklung des Intellekts und der Sinne ist mehr eine Folge der sensorischen Deprivation als der sozialen Isolierung. Sensorische Deprivation hat auf die einmal entwickelten Sinne keinen Einfluß mehr, doch kann sie bedeutsame emotionale und psychologische Wirkungen haben. Bei vielen Menschen zerstört die sensorische Deprivation oder Restriktion das psychologische Gleichgewicht. Dies geht aus vielen Laboratoriumsversuchen hervor (vgl. die Besprechungen von Kubzansky, 1961, und von Schultz, 1965).

Beim üblichen Versuchsprogramm zur Untersuchung der sensorischen Deprivation wird die Testperson in einen völlig verdunkelten Raum gebracht, wo sie eine fixierte Stellung einnehmen muß. Ohrenklappen halten sämtliche Geräusche fern, selbst die von ihr selbst verursachten. Arme und Hände werden festgebunden, um eine taktile Selbststimulation zu verhindern. Unter solchen Bedingungen berichten normale Testpersonen nicht nur von der zu erwartenden Langeweile und Unruhe, sondern auch von übersteigerten Angstgefühlen, ja sogar von Anfällen von Panik, die in ihnen das Verlangen weckten, sich dieser Situation durch Flucht zu entziehen. Manchmal wurde die Angst so groß, daß es zu halluzinationsähnlichen Erlebnissen kam.

In der Fähigkeit, den pathologischen Wirkungen der Isolation Widerstand zu leisten, gibt es beträchtliche individuelle Unterschiede. Die Ängstlicheren, die Impulsiveren und die mit dem größeren Sensationsbedürfnis reagierten mit stärkerer Angst, doch blieben nur wenige ganz unbeeindruckt.
Eine völlige sensorische Deprivation geht notwendigerweise mit sozialer Isolierung einher, aber jemand kann sozial isoliert sein, auch ohne daß er jeder sensorischen Stimulation beraubt wird. Die meisten experimentellen Untersuchungen der durch die Umgebung reduzierten Stimulation unterscheiden nicht zwischen der Wirkung der sensorischen Stimulation bei sozialer Isolation und den Wirkungen der sozialen Isolation allein. Zuckermann u. a. (1966) und Persky u. a. (1966) versuchten diese Unterscheidung zu treffen.

Sie unterzogen ihre sämtlichen Versuchspersonen einer achtstündigen und einer vierundzwanzigstündigen Periode totaler sensorischer Deprivation und den gleichen Perioden sozialer Isolation ohne auditive oder visuelle Einschränkungen. Während des Versuchs unter sozialen Isolationsbedingungen wurde ständig Musik in den betreffenden Raum übertragen, in einem Ständer wurden ab und zu Bilder ausgewechselt, welche die Testpersonen betrachten konnten, oder es wurde ihnen ein Radio oder ein Fernsehapparat zur Verfügung gestellt. Die meisten benutzten die eine oder andere Reizquelle ständig.

Eine große Zahl physiologischer und psychologischer Messungen wurden vor, während und nach den Sitzungen vorgenommen. Hierbei ergab sich folgendes:
1. Sowohl die sensorische wie auch die soziale Isolation verursachten bereits allein beträchtliche Anwandlungen von Angst.
2. In der sozialen Isolierung spiegelte sich die Angst weitgehend in körperlichen Reaktionen.
3. Subjektive Angstgefühle, besonders halluzinationsähnliche Empfindungen, wurden am häufigsten bei der sensorischen Deprivation verzeichnet.
Es gibt einige Untersuchungen über soziale Restriktion in natürlicher und simulierter natürlicher Umgebung (vgl. Schultz, 1965). In diesem Zusammenhang ist eine Untersuchung der Isolationswirkungen bei kleinen Gruppen in antarktischen Stationen erwähnenswert, die von der Medizinischen Neuropsychiatrischen Forschungseinheit der Kriegsmarine durchgeführt wurde (vgl. z.B. Gunderson, 1963).

Auf einigen Stationen befanden sich nur 15 Mann, auf anderen bis zu 100. Negative emotionale Reaktionen und körperliche Symptome in Verbindung mit Angst kamen auf den kleineren Stationen häufiger vor, doch zeigten sich derartige Erscheinungen auch bei dem Personal sämtlicher Stationen. Hierzu gehörte freischwebende Angst, Nervosität und Zittrigkeit, ein Gefühl des Unbehagens, der Spannung und eine Vielfalt geringfügiger körperlicher Symptome, wie Herzklopfen, Übelkeit, Polyurie und Schlaflosigkeit.
Natürlich hatte die Besatzung der antarktischen Stationen auch Gefahren, Kälte und andere Härten auszustehen, doch schloß Mullin (1960) aus Interviews, daß diese Begleitumstände weit weniger belastend waren als die »Gleichförmigkeit« der Umgebung.

Eine ganze Anzahl von Theorien ist zur Begründung der schädlichen Wirkungen der sozialen Isolation und sensorischen Deprivation aufgestellt worden, die sich meist nur durch ihr Niveau unterscheiden und sich gegenseitig ergänzen. Sie postulieren die Existenz eines zentralen Gehirnmechanismus, vermutlich im retikulären System, der die Menschen veranlaßt, ein bestimmtes Niveau der Reizvariation zu suchen und aufrechtzuerhalten (vgl. Malmo, 1957). Dieses Niveau, das individuell verschieden ist, muß aufrechterhalten werden, um ein optimales allgemeines Aktivationsniveau zu gewährleisten. Sinkt das Aktivationsniveau zu weit ab, zeigt der Organismus grobe Desorganisationserscheinungen, da der Betreffende die perzeptorischen »Stichworte« nicht mehr erhält, die er zur Strukturierung seiner Umgebung in Übereinstimmung mit früheren Erfahrungen benutzt. Wird er dieser Stichworte völlig beraubt, so führt dies zu einem chaotischen, mit Streß verbundenen Zustand, in dem der Betroffene nur schwer die Wirklichkeit zu strukturieren und bevorstehende Ereignisse richtig einzuschätzen vermag. Eine sekundäre angsterregende Wirkung des fehlenden Kontakts mit der Wirklichkeit besteht in einer Schwächung der Überich-Kontrolle, was ein Hochkommen und Bewußtwerden der Primärvorgänge, das heißt der sozial unannehmbaren sexuellen und aggressiven Impulse zur Folge hat.

Sensorische Überlastung

Es scheint, als brauchte das menschliche Nervensystem eine ständige sinnvolle Zufuhr aus der Umgebung, um optimal zu funktionieren. Werden die Sinne plötzlich blockiert und empfangen sie ständig nur monotone oder bedeutungslose Reize, wird der Betreffende wahrscheinlich psychopathologische Reaktionen entwickeln. Ein großer Teil der erforderlichen Stimulation stammt aus dem Umgang mit anderen Menschen. Aus der Aktivationstheorie und aus den Untersuchungen über soziale Isolation dürfte zu schließen sein, daß eine *exzessive* soziale Stimulation, wenn zum Beispiel sehr viele Menschen in der Umgebung des Betreffenden anwesend sind, ebenfalls destruktive Wirkungen hat.
Gefühle unbestimmten Unbehagens inmitten einer Menge oder in einem überfüllten Raum werden häufig angegeben, wenn auch diese Phobie als akuter psychopathologischer Zustand selten ist. Kliniker haben aber beobachtet, daß akute Angstzustände häufig an einem überfüllten Ort ausbrechen. Aus neueren Versuchen von Welch (1964) geht hervor, daß Säugetiere, die längere Zeit in einem überfüllten Käfig gehalten wurden, daraufhin deutliche Veränderungen in der Größe und Funktion ihrer Adrenalindrüsen aufwiesen, worin sich die Wirkung exzessiver emotionaler Stimulation widerspiegeln dürfte. Die Streßwirkungen einer Menge oder eines überfüllten Raums – das durch viele herumlaufende Menschen erzeugte hohe Stimulationsniveau – stellen eine sensorische Überlastung dar, das Gegenteil der sensorischen Deprivation.

Panikverhalten: eine Form sensorischer Überlastung

Von »Panik« spricht man meist bei einer Gruppe, wenn diese Bezeichnung auch gelegentlich von Theoretikern auf eine individuelle Verhaltensweise angewandt wird. Panik als Gruppenreaktion ist eine unkontrollierbare Flucht, die nicht geeignet ist, das Leben dieser Gruppe oder das ihrer Mitglieder zu gewährleisten, die zur

Zerstörung der Gruppe als Einheit führt und eine unmittelbare Folge akuter Furcht ist (Schultz, 1964).
Die nichtrationale Eigenschaft des panischen Verhaltens (nichtrational hier im Gegensatz zu irrational) wird von Sozialtheoretikern wie Quarantelli (1954) besonders hervorgehoben. Panik ist insofern nichtrational, als die von ihr Ergriffenen nur noch an Flucht denken, um die Streßsituation zu beenden. Aber Flucht ist gemeinhin eine adaptive Lösung, sie wird erst unangepaßt, wenn das kooperative Verhalten in der Gruppe zusammenbricht.

»Kooperatives Verhalten ist für das Gemeinwohl unentbehrlich, hat aber für den einzelnen, der von dem Verhalten der andern abhängig ist, sehr verschiedene Konsequenzen. So ist bei einem Theaterbrand keiner gefährdet, vorausgesetzt daß jeder das Haus ruhig verläßt, und der einzelne opfert seine Interessen nicht, wenn er wartet, bis er an die Reihe kommt. Bricht jedoch das kooperative Verhalten zusammen, so hat der übliche gute Rat: ›Bewahren Sie Ruhe, drängeln Sie nicht, warten Sie, bis Sie an die Reihe kommen, und es besteht keine Gefahr für Sie‹, keine Gültigkeit mehr. Wenn die Ausgänge blockiert sind, wird derjenige, der diesen Rat befolgt, wahrscheinlich verbrennen... Das kooperative Verhalten ... wird immer mehr zusammenbrechen, sobald irgendwo eine Störung auftritt. Wenn ein paar einzelne zu drängeln anfangen, werden die andern sich vermutlich sagen, daß ihre Interessen gefährdet sind und daß sie nur hoffen können durchzukommen, wenn sie ihre persönlichen Vorteile auf Kosten der Gruppe durchsetzen. Viele verhalten sich dann dementsprechend, ein Circulus vitiosus bahnt sich an, und der Tumult breitet sich aus...« (Mintz, 1951)

Diese Erklärung ist recht einleuchtend. Es fragt sich jedoch, warum *irgend jemand* plötzlich die Einsicht in die Notwendigkeit kooperativen Verhaltens verliert und dadurch die Panik auslöst und wieso das Verhalten einiger Gruppenmitglieder viele dazu veranlaßt, plötzlich nicht mehr einzusehen, daß optimale Aussichten auf Rettung ein weiteres Zusammenwirken erfordern.
Schultz hat 1964 das Phänomen mit sensorischer Überlastung erklärt. Die anfangs nicht von Panik Erfaßten sind einer erhöhten sensorischen Stimulation von seiten derer ausgesetzt, deren Reizschwelle niedrig ist. So erleiden immer mehr Personen eine sensorische Überlastung und werden von Panik ergriffen. In dem Maß, wie das Panikverhalten in der Gruppe zunimmt, nimmt auch die sensorische Überlastung zu. Schließlich überwältigt sie alle oder fast alle, und das Ergebnis ist die ausgewachsene Panik.

XI. Ein kurzer Überblick

Methodologische Probleme

Die Brauchbarkeit einer Theorie hängt von der Stabilität des Tatsachenmaterials ab, auf dem sie aufbaut. Wir haben darauf hingewiesen, daß sich das Experimentieren in den Verhaltenswissenschaften noch in einem recht rudimentären Zustand befindet und daß unsere Kenntnisse auf den meisten Gebieten noch klein sind. Die hypothetischen Konstrukte, mit denen sich die Verhaltensforschung befaßt, sind höchstens vielversprechende Ansätze. Wir sind noch nicht in der Lage, mit ihnen so zu arbeiten, wie es eine strenge Wissenschaftlichkeit erforderte. Niemand kann die Existenz der Angst, die wir täglich erleben, bezweifeln. Was jedoch das wissenschaftliche Konstrukt betrifft, stehen nur wenige Entdeckungen unangefochten fest, und wir sind noch kaum über das Stadium vorwissenschaftlicher Beschäftigung mit den semantischen Unterschieden zwischen den Begriffen Angst, Furcht und Streß hinausgekommen.

Das Fehlen einer einstimmig anerkannten Definition

Das Studium der menschlichen Angst war von Anfang an durch das Fehlen einer allgemein anerkannten operationalen Definition des Konstrukts gehandikapt. Durch die Vielfalt der Definitionen ist es zu manchen Begriffsverwirrungen und zu Schwierigkeiten in der Interpretation widerspruchsvoller Versuchsergebnisse gekommen. Wenn die Ergebnisse zweier Untersuchungen, die sich nur durch die Definition des Konstrukts unterscheiden, sich gegenseitig widersprechen, besteht immer die Möglichkeit, daß die Widersprüche von den verschiedenen Definitionen herrühren.
Gelegentlich erscheint eine bestimmte Definition wie Taylors *Manifest Anxiety Scale* vielversprechend und wird allgemein beliebt. Positive Anfangsergebnisse ermutigen andere Forscher, sich dieser Definition ebenfalls zu bedienen. Dann kommt es – offenbar unvermeidlich – zu Enttäuschungen wegen negativer Ergebnisse, wenn diese sich manchmal auch nur langsam geltend machen.
Die MAS verdankt ihre Beliebtheit der Art ihres Aufbaus. Dem klinischen Forscher gefällt sie, weil die Beispiele von Klinikern ausgewählt sind, und dem Experimentator behagt der Gedanke, daß sie dazu dient, einen experimentell fundierten Begriff wie den

Antrieb zu messen. Aber trotz ihrer Brauchbarkeit hat sich die MAS nicht als die endgültige Definition erwiesen, welche die Wissenschaft zum Sammeln von Erkenntnissen und zur Entwicklung einer hieb- und stichfesten Theorie braucht.
Auf der Suche nach einem endgültigen Kriterium für die Angst wenden sich die Forscher daher immer mehr physiologischen Indizien zu. Allgemein war dabei festzustellen, daß derartige Meßergebnisse nicht immer mit denen der Skalen und anderer psychologischer Meßverfahren übereinstimmen. An sich spricht vieles für die physiologischen Meßverfahren, doch könnte eine derartige Verschiebung des Interesses sich auch ungünstig auswirken, falls sie nämlich eine weitere intensive Beschäftigung mit einigen neuentwickelten Fragebogen ausschließen würde. Das *State-Trait Anxiety Inventory* (STAI) zum Beispiel stellt eine vielversprechende Weiterentwicklung dar, und seine Benutzung bei künftigen Untersuchungen über die Angst ist dringend zu empfehlen.

Das Problem der Physiologie der Angst

Die Erforschung der physiologischen Grundlagen des emotionalen Verhaltens wurde immer wieder durch die traditionelle Isolation der Disziplinen beeinträchtigt. Die Physiologen und Biochemiker beschäftigen sich zwar höchst gründlich mit ihrem eignen Gebiet, doch befassen sie sich mit den verhaltensmäßigen Begleiterscheinungen meist nur oberflächlich. Die Psychologen widmen sich ihrerseits dem Verhalten und den Affekten, besitzen aber nicht genügend Erfahrung auf dem Gebiet der Physiologie und Biochemie. Ein Fortschritt in der Forschung erfordert die Zusammenarbeit der Wissenschaftler der verschiedenen Disziplinen. Trotz einiger diesbezüglicher Bemühungen in den letzten Jahren, beschränken sich diese immer noch auf einen kleinen Teil der Gesamtforschung. Ein schwieriges Problem bleibt, daß die meisten Untersuchungen, die gleichzeitig physiologische und behavioristische Messungen erfordern, mit Tieren durchgeführt werden. Die physiologische Struktur von Säugetieren und Menschen ist zwar so ähnlich, daß man in bezug auf die Giftigkeit chemischer Stoffe ruhig von ersteren auf letztere schließen kann. Psychoaktive Medikationen, die beim Menschen Leberschäden verursachen, rufen diese im allgemeinen auch bei Ratten hervor. Die charakteristische Angstreaktion bei Ratten – Zusammenkauern, Urinieren und Stuhlentleerung – sind automatische Reaktionen, die auch beim Menschen auftreten, wenn auch in gemäßigterer Form. Es scheint aber stets eine Grenze zu

existieren, jenseits deren verallgemeinernde Schlüsse von den niederen Tieren auf Menschen nicht mehr möglich sind.
Die ungeheure Variabilität der autonomen Reaktionen beim Menschen trifft man bei niederen Organismen nur selten. Es ist völlig sicher, daß es bei den verschiedenen Menschen nicht nur *eine* Möglichkeit der autonomen Reaktion auf Streß gibt. Die größere Homogenität der Reaktion bei Tieren dürfte daher gelegentlich irreführend sein.
Obwohl das Tierexperiment für die Verhaltensforschung von unschätzbarem Wert ist und wahrscheinlich immer bleiben wird, scheint es doch, daß sich schlüssige Erkenntnisse über den Menschen auf die Erforschung des Menschen selbst gründen müssen. Bis eine größere Verfeinerung und Weiterentwicklung unserer Meßmethoden ein umfassenderes, sichereres Experimentieren mit dem Menschen zulassen, wird in unserer Disziplin vieles im Dunkeln bleiben.

Univariate gegen multivariate Untersuchungen

Ein gelehrter Historiker hat einmal bemerkt, die gefährlichste Auffassung, die je in der Politik aufgetaucht sei, sei die Idee, ein Problem, das mit menschlichen Wesen zu tun habe, könne auf einfache Weise gelöst werden. Das menschliche Verhalten ist stets vielfältig motiviert. Trotzdem arbeiten erstaunlich viele Verhaltensforscher bei ihren Untersuchungen mit nur einer einzigen unabhängigen und einer einzigen abhängigen Variablen. Der Grund dürfte sein, daß solche Experimente übersichtlicher und leichter zu interpretieren sind.
Das menschliche Verhalten wird aber gewöhnlich durch eine komplexe Konstellation bedingt, in der eine ganze Anzahl sich gegenseitig beeinflussender Faktoren das Verhalten in jedem Augenblick neu bestimmen. Im Experiment mit einem einzigen Faktor versucht der Forscher die äußeren Variablen so weit unter Kontrolle zu halten, daß sich die Beziehung zwischen X und Y klar und eindeutig herausstellt. Leider wissen wir nur meist nicht, welche Faktoren zu neutralisieren sind. Dies ist oft nur mit Hilfe mühsamer multivariater Untersuchungen herauszufinden.
So befindet sich die psychologische Forschung auf dem Gebiet der Affekte in einer heiklen Lage. Die menschliche Motivation verlangt ihrer Natur nach multivariate Experimente. Da aber eine Theorie fehlt, liefern diese multivariaten Untersuchungen im allgemeinen verwirrende und vieldeutige Resultate. Die Entwicklung einer Theorie erfordert nun aber multivariate Experimente. Auch

bei Untersuchungen mit nur einem Faktor sind zur Kontrolle der äußeren Variablen Kenntnisse nötig, die nur aus multivariaten Experimenten zu gewinnen sind.
Irgendwo muß dieser Teufelskreis einmal durchbrochen werden. Am aussichtsreichsten dürften verbesserte Versuchsmethoden und ausgedehnte Repräsentativbefragungen sein, doch sind derartige Untersuchungen nicht ohne offizielle Unterstützung und Lenkung möglich, die zu einer die ganze Nation erfassenden Forschungsoperation führen müßten.

Der Ursprung der Angst

In einem sehr weiten Sinn hat die Verhaltensforschung den Ursprung der Angst erkannt. Theorien und Augenschein stimmen darin überein, daß die Angst ein unvermeidliches Nebenprodukt des Prozesses ist, durch den der Mensch lernt, ein Mitglied der Gesellschaft zu werden. Jede Kultur, wie unterentwickelt oder primitiv sie auch immer sein mag, legt ihren Mitgliedern in ihrem Verhalten Beschränkungen auf. Ohne diese Beschränkungen könnte sie als Institution nicht bestehen. Keine Gesellschaft duldet eine uneingeschränkte, sofortige Befriedigung der Bedürfnisse, Wünsche und Impulse ihrer Mitglieder. Dem Menschen ist eine unbegrenzte Anpassungsfähigkeit angeboren, die es ihm erlaubt, sich jede Art von Wertmaßstäben zu eigen zu machen und sich jeder vorgeschriebenen Verhaltensform anzupassen. Er muß nicht nur lernen, seine Impulse zu beherrschen, sondern er muß auch unterscheiden lernen, auf welchen Wegen ihm die Gesellschaft erlaubt, seinen Impulsen Ausdruck zu verleihen. Die Tatsache, daß der Mensch Furcht empfinden kann, ermöglicht es ihm, dies zu lernen. Bei diesem Prozeß entsteht Angst. Diese Grundangst ist das, was Whiting und Child 1953 als »Sozialisierungsangst« bezeichnet haben.
Die Neigung zur Angst entsteht durch das Zusammenwirken einer natürlichen menschlichen Eigenschaft und der Notwendigkeit sozialer Anpassung. Über diese etwas unklare Feststellung ist die Verhaltensforschung kaum hinausgekommen. Noch kennen wir nicht mit Sicherheit die Bedingungen, unter denen die Angst dem Zweck der Sozialisierung dient oder gelegentlich mit ihr in Konflikt gerät. Auf welche Weise mit Kindererziehungsmethoden bestimmte Persönlichkeitsformen oder -stile des Erwachsenen mit Sicherheit zu erreichen sind, ist keineswegs verläßlich vorauszusagen.
Die Untersuchung des Ursprungs und der spezifischen Entwicklung der menschlichen Angst wird durch technische Schwierigkeiten

stark beeinträchtigt. Eine zuverlässige, genaue Beobachtung und Messung der menschlichen psychosozialen Entwicklung ist nur prinzipiell möglich. Der Verhaltensforscher kann die dauernden Einflüsse auf das Kind in seinem natürlichen Milieu nicht so manipulieren, wie dies bei Tieren im Laboratorium möglich ist. Er kann nicht künstlich eine Umgebung schaffen und kontrollieren, in der Kinder tatsächlich aufgezogen werden, um die Wirkung verschiedener Faktoren und die Folgen ihres Fehlens zu bestimmen. Da der Forscher nicht die Möglichkeit hat, direkt zu beobachten und zu messen, nimmt er seine Zuflucht zu Daten, die ihm Eltern und Lehrer liefern, oder er erhält sie gelegentlich auch vom Kind selbst oder aus der Erinnerung von Erwachsenen aus dessen Umgebung. Diese Daten sind jedoch nicht nur ungenau und relativ unzuverlässig, sie werden auch ganz sicher durch persönliche Faktoren und Gedächtnisfehler beeinträchtigt. Erkenntnisse, die sich auf derartige Daten stützen, betrachtet der strenge Wissenschaftler im allgemeinen als unzureichend, um eine Theorie darauf aufzubauen oder eine Verhaltensweise voraussagen und kontrollieren zu können.

Daher ist es nicht weiter erstaunlich, daß die Theorien über die Entwicklung der Neigung zur Angst weitgehend vom Schreibtisch des Klinikers und aus dem Tierlaboratorium stammen. Wissenschaftliche Daten sind jedoch aus klinischen Erfahrungen kaum zu gewinnen. Die Täuschungsmöglichkeiten bei einer unkontrollierten Beobachtung anderer Menschen sind dem Verhaltensforscher nur zu gut bekannt. Auch sind gewisse theoretische Behauptungen der Psychoanalyse schon ihrer Natur nach nicht zu beweisen. Man kann zum Beispiel die Freudsche Hypothese, daß die Primärangst von der Geburt ihren Ausgang nehme, nicht nachprüfen.

Theorien, die aus der klinischen Praxis stammen, haben wenigstens den Vorteil, daß sie aus dem Studium menschlicher Wesen gewonnen sind. Experimentell fundierte Theorien mögen zwar systematischer und methodologisch zuverlässiger durchgeführt sein, gründen sich aber weitgehend auf Versuche mit infrahumanen Säugetieren. Der Experimentalpsychologe, der dem wissenschaftlichen Prinzip mehr verhaftet ist, ist sich der Mängel in seinen theoretischen Formulierungen mehr bewußt als der Psychoanalytiker. Er weiß, daß die Laboratoriumsforschung sich zwar recht erfolgreich mit den Grundregungen der Tiere beschäftigt hat, daß sie aber nur begrenzt in der Lage ist, die Entwicklung komplexer menschlicher Motivationen zu durchschauen. Sie ist ein Denkgebäude, das aus Experimenten mit niedereren Organismen abgeleitet ist. Ob die so gewonnenen, isolierten Prinzipien tatsächlich auch für erlernte menschliche Triebe wie die Angst gelten, bleibt eine Sache der Spekulation.

Der Begriff der Angst

Die verbreitesten Ansichten über die Angst als Konstrukt unterscheiden zwischen der Angst als Wesenszug – der Veranlagung, auf verschiedene Situationen mit Angst zu reagieren – und der Angst als einem vorübergehenden Zustand emotionaler Aktivation (Cattell und Scheier, 1961; Spielberger, 1966; Lazarus, 1966). Nach dieser Auffassung ist der Reaktionsgrad der Situationsangst eine Funktion des allgemeinen Angstniveaus. Menschen, die stark zur Angst neigen, müßten auf belastende Umstände entsprechend stärker reagieren, obwohl es Ausnahmen geben mag, die von den persönlichen Erfahrungen des Betreffenden abhängen.
Diese hypothetische Korrelation ist in frühen Angsttheorien, zum Beispiel der psychoanalytischen, und großenteils auch in der Experimentalpsychologie zu finden. Ob »sehr ängstlich« sich dabei auf die Angst als Wesenszug oder als vorübergehenden Zustand bezieht, bleibt oft unklar. Fast alle Fragebogen messen die Angst als Wesenszug, doch werden sie auch oft zu Experimenten herangezogen, in denen der betreffende Forscher ganz offensichtlich die vorübergehend auftretende Angst messen will, wobei der Mangel an einer klaren Unterscheidung sich ungünstig auswirken kann. Auf der Suche nach einer Meßmethode für die Situationsangst wendet man sich immer häufiger physiologischen Methoden zu. Eine Veränderung der Atemfrequenz oder des Blutdrucks ist zweifellos eine Reaktion auf Situationsangst. Es ist der Forschung bis jetzt noch nicht gelungen, die hypothetisch geforderte Korrelation zwischen der allgemeinen Ängstlichkeit und der Situationsangst nachzuweisen, wenn erstere mit Hilfe einer Angstskala und letztere mit physiologischen Meßmethoden bestimmt wurden. Subjektive Aussagen über akute Angst stimmen häufiger mit physiologischen Reaktionen überein, doch sind auch diese Ergebnisse variabel und unbeständig.
Man kann die Unmöglichkeit, die Korrelation zwischen der Angst als Wesenszug und als vorübergehendem Zustand genau festzulegen, auf verschiedene Weise erklären. Einmal fehlen psychologische Meßverfahren, die auf dieser Korrelation aufgebaut sind und die sie empirisch widerspiegeln. Bei brauchbaren Intelligenztests zum Beispiel hat man die Meßmethoden auf ein theoretisches Modell geeicht, bei welchem der durchschnittliche Intelligenzquotient 100

ist, und man hat damit einen Maßstab für die Verteilung der Intelligenzquotienten nach Bereich und Art. Die Tatsache, daß man sich dieser Intelligenztestzahlen in der Praxis mit Erfolg bedient, wird allgemein als Beweis dafür angesehen, daß das theoretische Modell korrekt ist.
Eine empirische Auswertung der Korrelation zwischen allgemeiner Ängstlichkeit und Situationsangst erfordert Meßverfahren, die von vornherein mit dieser Hypothese als Modell konstruiert sind. Solche Meßverfahren existierten nicht vor der Entwicklung des *State-Trait Anxiety Inventory*. Von Spielberger und Gorsuch 1966 veröffentlichte Daten weisen darauf hin, daß das STAI tatsächlich Ergebnisse liefern kann, die mit der Hypothese der erwähnten Korrelation übereinstimmen. So könnten beim Experimentieren mit diesem Inventar und vielleicht auch mit der *Affect Adjective Check List* mit der Zeit definitive Ergebnisse herauskommen.
Daß der Angst als Wesenszug nicht mit physiologischen Meßmethoden beizukommen ist, dürfte daran liegen, daß eine Emotion einen Zustand allgemeiner physiologischer Aktivation darstellt. Ist die physiologische Reaktion auf Streß nichtspezifisch, so kann erhöhter Blutdruck oder Pulsbeschleunigung bei gewissen Personen nicht nur Angst, sondern auch einen Zustand des Zorns oder einen Erregungszustand ganz allgemein oder sogar Freude widerspiegeln. Dies würde die Korrelation zwischen allgemeiner Ängstlichkeit und Situationsangst bei solchen Testpersonen verdunkeln, die als Reaktion auf einen Streßreiz Angst empfinden.
Nach der allgemeinen Aktivationshteorie ist ein emotionaler Zustand nur auf subjektiver Erfahrungsebene spezifisch. Vielleicht ist bei manchen Menschen eine emotionale Reaktion *nur* auf subjektiver Ebene oder *nur* auf physiologischer Ebene, aber nicht auf beiden zu finden. Um Beziehungen zwischen beiden Phänomenen aufzudecken, müßte man in der Forschung diese beiden Typen von denen unterscheiden, die auf beiden Ebenen reagieren.

Angst als Zustand allgemeiner Aktivation

Die Auffassung einer Emotion als Zustand nichtspezifischer, physiologischer Aktivation wurde zuerst überzeugend von Cannon dargelegt. Nach der Identifikation der beiden adrenomedullaren Hormone Adrenalin und Noradrenalin – eine Unterscheidung, die Cannon noch nicht zugänglich war – erwachte ein allgemeines Interesse daran, ob sie vielleicht eine unterschiedliche Bedeutung für emotionale Zustände haben könnten. Aber die Evidenz, daß Adrenalin Angstzustände hervorruft und Noradrenalin bei Zorn und Wut eine Rolle spielt, ist nur gering. Andererseits stützt die Tatsache, daß spezifische physiologische Korrelate besonderer emotionaler Zustände nicht zuverlässig nachzuweisen sind, die allgemeine Aktivationstheorie.

Für sie sprechen auch analoge Untersuchungen von Aktivation und Leistung. Nach allen Varianten der Aktivationstheorie müßte die Beziehung zwischen Aktivation und Leistung dem Yerkes-Dodsonschen Prinzip folgen, nach welchem ein Verhalten von maximalem Effekt eher im mittleren Bereich als bei einem minimalen oder maximalen Aktivationsniveau auftritt. Die Untersuchungen über die Beziehung zwischen Muskelspannung und Lernen sprechen deutlich für diese Aktivationstheorie. Muskelspannung ist für sämtliche Erregungszustände charakteristisch und ist keinem speziell vorbehalten.

Untersuchungen unter natürlichen und simulierten natürlichen Bedingungen sprechen vielleicht am deutlichsten für das Yerkes-Dodsonsche Prinzip und die allgemeine Aktivationstheorie. Man denke nur an die operierten Patienten von Janis oder an die schädlichen Folgen der sensorischen Deprivation und der sensorischen Überlastung. Diese Phänomene sind überzeugender als die Laboratoriumsexperimente mit ihrem künstlichen Kontext und ihren methodologischen Unzulänglichkeiten.

Spences Auffassung der Angst als einem allgemeinen Energieantrieb stimmt – mit gewissen Einschränkungen – mit der Aktivationstheorie überein. Spence sieht in der Angst eine Kraft, die den einzelnen zu erhöhter Leistung antreibt, doch erstreckt sich seine Theorie nicht auf ein Antriebsniveau, welches zu einer Beeinträchtigung der Leistung führt. Möglicherweise macht sich in Spences Theorie bemerkbar, daß nur wenig Laboratoriumsdaten zur Verfügung stehen, die den störenden Einfluß eines hohen Angstniveaus demonstrieren.

Interkraniale Stimulation als Psychotherapie

Untersuchungen über die Wirkungen der direkten elektrischen Stimulation bestimmter Bereiche des Limbischen Systems, wie die Arbeiten von Olds und Brady und noch spezieller die Experimente von Heath und seinen Mitarbeitern an menschlichen Versuchspersonen, sind von großer Bedeutung für die Behandlung von Geisteskrankheiten. 1964 machte Heath auf die interessanten Konsequenzen seiner Arbeit aufmerksam (1964 a):

»Die psychodynamische Theorie empfiehlt die Anwendung dieser therapeutischen Maßnahme zur Besserung klinischer Störungen ... Nach unserer Theorie entstehen die verschiedenen Verhaltensformen ursprünglich aufgrund von Belohnung (angenehme Empfindung) und Strafe (Schmerz). Der selbständig funktionierende Verhaltensmechanismus der Erwachsenen bildet sich in früher Jugend aus, und zwar als Ergebnis der Beziehungen zu andern Menschen, gewöhnlich den Eltern oder Elternsurrogaten, die Belohnung oder Strafe austeilten. Angepaßtes oder normales Verhalten entsteht, wenn der Betreffende mit Hilfe dieser frühen Beziehungen lernt, eine realistische Gefahr (Schmerz) im eignen Interesse und dem der Gesellschaft zu meiden und im gleichen Interesse das Angenehme zu suchen. Der Neurotiker oder Unangepaßte dagegen erwirbt sich durch frühe zwischenmenschliche Beziehungen fehlerhafte Lernhabits, so daß sich bei ihm in Situationen, die angenehm oder neutral empfunden werden sollten, qualvolle Emotionen wie in Notlagen entwickeln. Dies ist der Kern des unangepaßten oder neurotischen Verhaltens ... Trifft diese dynamische Erklärung des normalen und des neurotischen Verhaltens zu, so müßte die Beseitigung der ungerechtfertigten, unangebrachten Angst oder Wut durch die Erregung angenehmer Gefühle mit Hilfe der Gehirnstimulation beim Neurotiker therapeutische Wirkung haben. Theoretisch müßte dann die unangebrachte Angst vor einer harmlosen Situation augenblicklich durch ein angenehmes Gefühl ersetzt werden, und die Ausgleichsmaßnahmen – als welche die neurotischen Manöver anzusehen sind – müßten verschwinden.«

Mit andern Worten, die Psychotherapie würde in einem Konditionierungsprozeß bestehen, bei dem der Betreffende mit Objekten und Situationen konfrontiert wird, die früher seine Angst erregten, während der Therapeut gleichzeitig die Lustbereiche des Limbischen Systems stimuliert. Dieser Konditionierungsprozeß müßte theoretisch den natürlichen Prozeß umkehren, durch den der Reiz angsterregend geworden war.

Natürlich ist in der allgemeinen Psychotherapie die Anwendung einer auf Dauer eingepflanzten Elektrode nicht möglich, wie auch Heath darlegt. Die Entdeckung der zerebralen Lustbezirke könnte jedoch die Forschung dazu anregen, eine Implantations- oder Oberflächenstimulationsmethode, wie sie beim Menschen allgemein anwendbar ist, zu entwickeln oder nach einem chemischen Agens zu suchen, das vergleichbare Wirkungen besitzt. Eine derartige Entwicklung könnte einen sensationellen Durchbruch in der Behandlung der Gemütskrankheiten bedeuten.

Die Psychiater sehen in der Angst einen qualvollen, zermürbenden und unter Umständen sogar katastrophalen Zustand, der dringend nach Linderung verlangt. In der Angst nur eine bösartige Erscheinung zu sehen, hieße jedoch diesen Affekt nur in seiner größten Intensität berücksichtigen, in der er das Verhalten tatsächlich nachhaltig stört. Eine Angst von mäßiger Intensität dagegen treibt den Organismus an und verbessert die Leistung. White hat 1952 die Behauptung aufgestellt, daß gemäßigte Formen von Angst nicht nur der Formung des kindlichen Verhaltens dienen, sondern daß sie auch beim normalen Wachstumsprozeß »ganz entschieden als Anreiz wirken können«. Die psychologische Reifung wird durch den Trieb begünstigt, die Ängste der Kindheit zu überwinden.
Gewisse Abwehrstrategien gegen die Angst, wie Zwangshandlungen und Gegenverhalten, scheinen konstruktiv zu wirken, solange sie nicht außer Kontrolle geraten. Der Gedanke ist nicht von der Hand zu weisen, daß ein großer Teil des nie endenden menschlichen Strebens, das wir Fortschritt nennen, auf die eine oder andere Weise eine Folge von Angst sein könnte. Stein hat 1964 Daten gesammelt, die darauf hinweisen, daß das Lernen bei Ratten beträchtlich verzögert wird, wenn es von einer Stimulation der Lustbereiche des Limbischen Systems begleitet wird. Aus rein logischen Gründen sind Hedonismus und sozialer Fortschritt antithetisch. Wir dürfen vermuten, daß der Fortschritt der menschlichen Gesellschaft über die Jahrhunderte hin wenigstens teilweise der Fähigkeit des menschlichen Organismus, Angst zu empfinden, zu verdanken ist, eine Ansicht, die auch von Philosophen des neunzehnten Jahrhunderts wie Kierkegaard vertreten wird.
Gewisse Theoretiker sind sogar noch weiter gegangen und haben behauptet, die Angst oder ganz allgemein die emotionale Fehlanpassung erzeuge schöpferische Kräfte. Aber selbst wenn wir die Schöpferkraft zu Experimentalzwecken definieren könnten, wäre diese Hypothese nicht beweisbar. Es gab und gibt außerordentlich gut angepaßte Genies und andere mit deutlich erkennbaren geistigen Störungen. Was aus jemand hätte werden können, wenn seine Lebensumstände anders gewesen wären, bleibt immer eine offene Frage. Es hat wenig Sinn, sich Gedanken darüber zu machen, welche Werke De Quincey oder Poe oder Van Gogh hervorgebracht hätten, wenn sie gefühlsmäßig ausgeglichener gewesen wären.
Die Angst hat ein Janushaupt. Sie kann den Menschen zur Selbstvervollkommnung, zu erhöhter Leistung und zur Tüchtigkeit anspornen, oder sie kann sein Leben und das seiner Umgebung schwer

beeinträchtigen. Wie bei vielen anderen Erscheinungen im menschlichen Leben scheint es auch bei der Angst lediglich eine Frage ihres Grads, ihrer Intensität zu sein, ob sie sich vorteilhaft oder verderblich auswirkt. Es ist daher von größter Wichtigkeit, daß wir lernen, sie konstruktiv einzusetzen, um ihr Herr und nicht ihr Sklave zu werden.

Anmerkungen

1 Über das Fehlen einer Unterscheidung zwischen Angst und Furcht vgl. Kapitel 2, S. 15.

2 Vgl. Kapitel 6, S. 86.

3 Eine Erörterung der psychoanalytischen Theorien über den Ursprung der Angst muß notwendigerweise auf den Begriff des Abwehrmechanismus zu sprechen kommen. Der Leser kann sich hierüber im voraus in Kapitel 4 informieren.

4 Natürlich besitzt der Säugling in seinem Verhaltensrepertoire keine anderen »Angstsignale« als Weinen oder vielleicht unkontrollierte Körperbewegungen. Es ist klar, daß die Richtigkeit dieser Interpretation nicht zu beweisen ist.

5 Eine ausführliche Besprechung dieser Theorie findet sich in Kapitel 9, S. 120–121.

6 Dollard und Miller stützen sich vor allem auf die Theorien von Clark L. Hull, einem der führenden Vertreter der Experimentalpsychologie. Hulls Auffassung ist ausführlich in seinem Buch: Principles of Behavior (1943) nachzulesen.

7 Im Laboratoriumsversuch mit Tieren erweist sich das durch Furcht (genauer gesagt durch Schmerz) vorangetriebene Lernen als schneller und beständiger als ein auf andere Weise motiviertes Lernen.

8 Eine allgemein verbreitete *sympathische* Wirkung der Angst ist das Schwitzen. Feuchte Haut ist ein besserer elektrischer Leiter als trockene. Diese elektrodermale Veränderung, die als *galvanischer Hautreflex* bezeichnet wird, ist eine beliebte physiologische Meßmethode der Angst, hauptsächlich weil sie einfach und leicht durchzuführen ist. Sie hat sich jedoch als relativ unzuverlässig herausgestellt, wahrscheinlich weil das Schwitzen nicht nur durch Angst, sondern auch durch zahlreiche andere Faktoren verursacht werden kann.

9 Wenn die Einteilung aufgrund der Punktzahlen erfolgte, die mit Meßmethoden wie der MAS oder der IPAT-Skala ermittelt wurden, welche die Angst als Wesenszug messen, so bedeutet »sehr ängstlich« oder »große Angst« soviel wie »zur Angst neigend« oder »mit einer starken Angstdisposition«.

10 Dieser Unterschied dürfte daher rühren, daß Gruppen von Versuchspersonen mit hohem oder niedrigem Angstniveau am häufigsten zu Experimenten mit der Angst herangezogen werden, während man sich weniger für Gruppen mit mittlerem Angstniveau interessiert.

11 Ein Habit im psychologischen Sprachgebrauch ist keine Verhaltensweise, sondern hat vielmehr den Charakter einer Motivation und die Tendenz, dieselbe Verhaltensweise beizubehalten.

12 Der ursprüngliche Versuchsplan war komplizierter. Er ist hier vereinfacht dargestellt, um das Hauptergebnis klarer herauszustellen.

13 Dies erklärt, daß auch eine rein intellektuelle Arbeit gelegentlich äußerst ermüdend sein kann.

14 Robbins Übersicht stammt aus einer Zeit, bevor eine wirksame Impfung weiter Kreise gegen Kinderlähmung diese Krankheit praktisch zum Erlöschen brachte. Es ist unwahrscheinlich, daß heute noch ein Drittel bis die Hälfte der Befragten Angst davor bekunden würden.

15 »Thanatophobie« ist hier nur als Synonym für die Angst vor dem Tod gebraucht und hat nicht die Bedeutung einer Phobie im klassischen Sinn.

Bibliographie

Aiken, L. R., Stress and anxiety as homomorphisms, Psychological record, 11 (1961), 365–372.

Alexander, I. E., und Adlerstein, A. M., Affective responses to the concept of death in a population of children and adolescents, Journal of genetic psychology, 63 (1958), 167–177.

Alpert, R., und Haber, R. N., Anxiety in academic achievement situations, Journal of abnormal and social psychology, 61 (1960), 207–215.

American Psychiatric Association. Diagnostic and statistical manual: mental disorders. Washington, D. C., 1952.

Basowitz, H., Persky, H., Korchin, S. J., und Grinker, R. R., Anxiety and stress. New York, McGraw-Hill, 1955.

Beam, J. C., Serial learning and conditioning under real-life stress, Journal of abnormal and social psychology, 51 (1955), 543–551.

Berkun, M. M., Bialek, H. M., Kern, R. P., und Yagi, K., Experimental studies of psychological stress in man, Psychological monographs, 76 (1962), Nr. 15, die ganze Nr. 534.

Berthold, F., Anxious longing. In: S. Hiltner und K. Menninger, Hg., Constructive aspects of anxiety. New York, Abingdon, 1963.

Bindra, D., Paterson, A. L., und Strzelecki, J., On the relation between anxiety and conditioning. Canadian journal of psychology, 9 (1955), 1–6.

Bishop, M. P., Elder, S. T., und Heath, R. G., Attempted control of operant behavior in man with intracranial self-stimulation. In: R. G. Heath, Hg., The role of pleasure in behavior. New York, Hoeber, 1964.

Bovard, E. W., The effects of social stimuli on the response to stress, Psychological review, 66 (1959), 267–277.

Brady, J. V., The paleocortex and behavioral motivation. In: H. F. Harlow and C. N. Woolsey, Hg., Biological and biochemical bases of behavior. Madison, University of Wisconsin Press, 1958.

Campbell, D. T., Miller, N., Lubetsky, J., und O'Connell, E. J., Varieties of projection in trait attribution, Psychological monographs, 78 (1964), die ganze Nr. 592.

Cannon, W. B., Bodily changes in pain, hunger, fear, and rage. Boston, Charles T. Branford, 1929; Neuausg., New York, Harper and Row, 1963.

Castaneda, A., McCandless, B. R., und Palermo, D. S., The children's form of the manifest anxiety scale, Child development, 27 (1956), 317–326.

Cattel, R. B., und Scheier, I. H., The meaning and measurement of neuroticism and anxiety. New York, Ronald, 1961.

Courts, F. A., Relations between experimentally induced tension and memorization, Journal of experimental psychology, 25 (1939), 235–256.

–, Relationships between muscular tension and performance, Psychological bulletin, 39 (1942), 347–367.

Davids, A., und Eriksen, C. W., The relation of manifest anxiety to association productivity and intellectual attainment, Journal of consulting psychology, 19 (1955), 219–222.

Dickson, C., Fear is the same. New York, William Morrow, 1956.

Diethelm, O., und Jones, M. R., Influence of anxiety on attention, learning, retention, and thinking, Archives of neurology and psychiatry, 58 (1947), 325–336.

Diggory, J. C., und Rothman, D. Z., Values destroyed by death, Journal of abnormal and social psychology, 63 (1961), 205–210.
Dollard, J., und Miller, N. E., Personality and psychotherapy, New York, McGraw-Hill, 1950.
Duffy, E., The conceptual categories of psychology: a suggestion for revision, Psychological Review, 48 (1941), 177–203.
–, Activation and behavior. New York, Wiley, 1962.
Dunbar, F., Mind and body: psychosomatic medicine. New York, Random House, 1947.
Duncan, C. P., Recent research on human problem solving, Psychological bulletin, 56 (1959), 397–429.

Endler, N. S., Hunt, J. M., und Rosenstein, A. J., An S-R inventory of anxiousness, Psychological monographs, 76 (1962), Nr. 17, die ganze Nr. 536.
English, H. B., und English, A. C., A comprehensive dictionary of psychological and psychoanalytical terms. New York, Longmans, Green, 1958.
Eriksen, C. W., und Davids, A., The meaning and clinical validity of the Taylor anxiety scale and the hysteria-psychasthenia scale from the MMPI, Journal of abnormal and social psychology, 50 (1955), 135–137.
–, und Wechsler, H., Some effects of experimentally induced anxiety upon discrimination behavior, Journal of abnormal and social psychology, 51 (1955), 458–463.

Feifel, H., The problem of death, Catholic psychological record, 3 (1965), 18–22.
–, und Heller, J., Normalcy, illness, and death, Proceedings of the Third World Congress of Psychiatry. Toronto, University of Toronto Press, 1961, S. 1252–1256.
Feshbach, S., und Singer, R., The effects of personal and shared threats upon social prejudice, Journal of abnormal and social psychology, 54 (1957), 411–416.
Fox, H. M., Gifford, S., Murawski, B. J., Rizzo, N. D., und Kudarauskas, E. N., Some methods of observing humans under stress, Psychiatric research reports 7, American Psychiatric Association, 1957, S. 14–26.
Freeman, M. J., The development of a test for the measurement of anxiety: a study of its reliability and validity, Psychological monographs, 67 (1953), Nr. 3, die ganze Nr. 353.
Freud, S., Das Unbehagen in der Kultur, Gesammelte Werke XIV, S. Fischer, Frankfurt (M.), 1968 (auch: Fischer Bücherei, Bd. 6043)
–, Hemmung, Symptom und Angst, S. Fischer, 1923
Friedman, I., Phenomenal, ideal, and projected conceptions of the self, Journal of abnormal and social psychology, 51 (1955), 611–615.
Fromm, E., Man for himself. New York, Rinehart, 1947.

Geer, J. H., The development of a scale to measure fear, Behaviour research and therapy, 3 (1965), 45–53.
Glaser, B. G., und Strauss, A. L., Awareness of dying. Chicago, Aldine, 1965.
Goldstein, M. J., und Palmer, J. O., The experience of anxiety. New York, Oxford University Press, 1963.
Grinker, R. R., Sabshin, M., Hamburg, D. A., Board, F. A., Basowitz, H., Korchin, S. J., Persky, H., und Chevalier, J. A., The use of an anxiety-producing interview and its meaning to the subject, Archives of neurology and psychiatry, 77 (1957), 406–419.

Gunderson, E. K., Emotional symptoms in extremely isolated groups, Archives of general psychiatry, 9 (1963), 362–368.
Gynther, R. A., The effects of anxiety and of situational stress on communicative efficiency, Journal of abnormal and social psychology, 54 (1957), 274–276.

Hadley, J. M., Clinical and counseling psychology. New York, Knopf, 1958.
Hall, C. S., A primer of freudian psychology. Cleveland, World Publishing Co., 1954.
–, A synthetic genetic study of fear, American journal of psychology, 25 (1914), 149–200.
Hamilton, G. V., A study of perseverance reactions in primates and rodents, Behavior monographs, 3 (1916), Serie Nr. 13.
Harleston, B. W., Test anxiety and performance in problem-solving situations, Journal of personality, 30 (1962), 557–573.
Heath, R. G., Hg. The role of pleasure in behavior. New York, Hoeber, 1964a.
–, Pleasure response of human subjects to direct stimulation of the brain: physiologic and psychodynamic considerations. In: R. G. Heath, Hg., The role of pleasure in behavior. New York, Hoeber, 1964b.
Heineman, C. E., A forced-choice form of the Taylor anxiety scale, Journal of consulting psychology, 17 (1953), 447–454.
Hilgard, E. R., Hypnotic susceptibility. New York, Harcourt, Brace and World, 1965.
–, The motivational relevance of hypnosis. In: D. Levine, Hg., Nebraska Symposium on Motivation. Lincoln, Neb., University of Nebraska Press, 1964.
–, Jones, L. V., und Kaplan, S. J., Conditioned discrimination as related to anxiety, Journal of experimental psychology, 52 (1951), 94–99.
Hoch, P. H., und Zubin, J., Hg., Anxiety. New York, Grune and Stratton, 1950.
Horney, K., The neurotic personality of our time. New York, Norton, 1937.

Janis, I. L., Psychological stress. New York, Wiley, 1958.

Kalish, R. S., Some variables in death attitudes, Journal of social psychology, 59 (1963), 137–145.
Kamin, L. J., und Clark, J. W., The Taylor scale and reaction time, Journal of abnormal and social psychology, 54 (1957), 262–263.
Kasl, S. V., und Mahl, G. F., The relationship of disturbances and hesitations in spontaneous speech to anxiety, Journal of personality and social psychology, 1 (1965), 425-433.
Kegeles, S. S., Some motives for seeking preventive dental care, Journal of the american dental association, 7 (1963), 90–98.
Kerle, R. H., und Bialek, H. M., The construction, validation, and application of a subjective stress scale. Staff Memorandum, U.S. Army Leadership Human Research Unit, Monterey, Cal., 1958.
Kubzansky, P. E., The effects of reduced environmental stimulation on human behavior: a review. In: A. D. Biderman und H. Zimmer, Hg., The manipulation of human behavior. New York, Wiley, 1961.

Lazarus, R. S., Psychological stress and the coping process. New York, McGraw-Hill, 1966.
–, Deese, J., und Osler, S. F., The effects of psychological stress upon performance, Psychological bulletin, 49 (1952), 293–317.

Leeper, R. W., A motivational theory of emotion to replace "emotion as disorganized response", Psychological review, 55 (1948), 5–21.
Levi, L., The urinary output of adrenalin and noradrenalin during different experimentally induced pleasant and unpleasant states. Paper presented at the Annual Conference of the Society for Psychosomatic Research, London, 1963.
Levine, G. N., Anxiety about illness: psychological and social bases, Journal of health and human behavior, 3 (1962), 30–34.
Levitt, E. E., Clinical research design and analysis in the behavioral sciences. Springfield, Ill., C. C. Thomas, 1961.
–, Scientific evaluation of the "lie detector", Iowa law review, 40 (1955), 440–458.
–, Brady, J. P., und Lubin, B., Correlates of hypnotizability in young women: anxiety and dependency, Journal of personality, 31 (1963), 52–57.
–, Persky, H., Brady, J. P., und Fitzgerald, J. A., The effect of hydrocortisone infusion on hypnotically induced anxiety, Psychosomatic medicine, 25 (1963), 158–161.
–, Persky, H., Brady, J. P., Fitzgerald, J., und den Breeijen, A., Evidence for hypnotically induced amnesia as an analog of repression, Journal of nervous and mental disease, 133 (1961), 218–221.
Levy, L. H., Anxiety and behavior scientists' behavior, American psychologist, 16 (1961), 66–68.
Lindsley, D. B., Emotion. In: S. S. Stevens, Hg., Handbook of experimental psychology. New York, Wiley, 1951.
Lowe, M. C., The equivalence of guilt and anxiety as psychological constructs, Journal of consulting psychology, 28 (1964), 553–554.

Malmo, R. B., Experimental approach to symptom mechanisms in psychiatric patients, Psychiatric research reports 7, American Psychiatric Association, 1957, pp. 33–49.
–, Activation: a neuropsychological dimension, Psychological review, 66 (1959), 367–386.
Mandler, G., und Cowen, J. E., Test anxiety questionnaires, Journal of consulting psychology, 22 (1958), 228–229.
–, und Sarason, S. B., A study of anxiety and learning, Journal of abnormal and social psychology, 47 (1952), 166–173.
Masserman, J. H., Emotional reactions to death and suicide. In: S. Liebman, Hg. Stress situations. Philadelphia, Lippincott, 1955.
Matarazzo, J. D., Ulett, G. A., und Saslow, G., Human maze performance as a function of increasing levels of anxiety, Journal of general psychology, 53 (1955), 79–95.
–, Ulett, G. A., Guze, S. B., und Saslow, G., The relationship between anxiety level and several measures of anxiety, Journal of consulting psychology, 18 (1954), 201–205.
Mednick, S. A., Generalization as a function of manifest anxiety and adaptation to psychological experiments, Journal of consulting psychology, 21 (1957), 491–494.
Menninger, K., mit Mayman, M., und Pruyser, P., The vital balance: the life process in mental health and illness. New York, Viking, 1963.
Meyer, D. R., und Noble, M. E., Summation of manifest anxiety and muscular tension, Journal of experimental psychology, 55 (1958), 599–602.
Mintz, A., Non-adaptive group behavior, Journal of abnormal and social psychology, 46 (1951), 150–159.

Monroe, R. R., A psychiatrist looks at medical hypnosis, Journal of the Louisiana State Medical Society, 112 (1960), 148–154.
Mullin, C. S., Some psychological aspects of isolated antarctic living, American journal of psychiatry, 117 (1960), 323–325.
Nunnally, J. C., Popular conceptions of mental health. New York, Holt, Rinehart and Winston, 1961.
Olds, J., und Milner, T., Positive reinforcement produced by electrical stimulation of septal area and other regions of rat brain, Journal of comparative and physiological psychology, 47 (1954), 419–127.
Patrick, J. R., Studies in rational behavior and emotional excitement. I: Rational behavior in human subjects, Journal of comparative psychology, 18 (1934a), 1–22.
–, Studies in rational behavior and emotional excitement. II: The effect of emotional Excitement on rational behavior in human subjects, Journal of comparative psychology, 18 (1934b), 153–195.
Penney, R. K., und McCann, B., The children's reactive curiosity scale, Psychological reports, 15 (1964), 323–334.
–, Reactive curiosity and manifest anxiety in children, Child development, 36 (1965), 697–702.
Perkins, C. W., The effect of muscle relaxation and suggested therapeutic benefit on the reduction of anxiety. Unpublished doctoral dissertation, University of Illinois, 1966.
Persky, H., Adrenocortical function during anxiety. In: R. Roessler und N. S. Greenfield, Hg., Physiological correlates of psychological disorder. Madison, University of Wisconsin Press, 1962.
–, Zuckerman, M., Basu, G. K., und Thornton, D., Psychoendocrine effects of perceptual and social isolation, Archives of general psychiatry, 15 (1966), 499–505.
Phillips, B. N., Sex, social class, and anxiety as sources of variation in school achievement, Journal of educational psychology, 53 (1962), 316–322.
Quarantelli, E., The nature and conditions of panic, American journal of sociology, 60 (1954), 267–275.
Reich, W., Character-analysis. 3. Aufl. New York, Farrar, Straus and Cudahy, 1949.
Reiter, H. H., Some personality correlates of the Page fantasy scale. Perceptual and motor skills, 16 (1963), 747–748.
Rhudick, P. J., und Dibner, A. S., Age, personality, and health correlates of death concerns in normal aged individuals, Journal of gerontology, 16 (1961), 44–49.
Robbins, P. R., Some explorations into the nature of anxieties relating to illness, Genetic psychology monographs, 66 (1962), 91–141.
Rosenberg, M., The association between self-esteem and anxiety. Journal of psychiatric research, 1 (1962), 135–151.
Rosenthal, R., Experimenter effects in behavioral research. New York, Appleton-Century-Crofts, 1966.
–, Persinger, G. W., Kline, L. V., und Mulry, R. C. The role of the research assistant in the mediation of experimenter bias, Journal of personality, 31 (1963), 313–335.
Rothenberg. R. E., Understanding surgery. New York, Pocket Books, 1966.
Ruebush, B. K., Anxiety. In: H. W. Stevenson, J. Kagan, und C. Spiker, Hg., Child psychology: The sixty-second yearbook of the National Society for the Study of Education. Chicago, University of Chicago Press, 1963.

–, Interfering and facilitating effects of test anxiety. Journal of abnormal and social psychology, 60 (1960), 205–212.
Sarason, I. G., Effect of anxiety and two kinds of motivating instructions on verbal learning, Journal of abnormal and social psychology, 54 (1957), 166–171.
–, Effects on verbal learning of anxiety, reassurance, and meaningfulness of material, Journal of experimental psychology, 56 (1958), 472–477.
–, Empirical findings and theoretical problems in the use of anxiety scales, Psychological bulletin, 57 (1960), 403–415.
Sarason, S. B., Davidson, K. S., Lighthall, F. F., Waite, R. R., und Ruebush, B. K., Anxiety in elementary school children. New York, Wiley, 1960.
–, und Gordon, E. M., The test anxiety questionnaire: Scoring norms, Journal of abnormal and social psychology, 48 (1953), 447–448.
–, und Mandler, G., Some correlates of test anxiety, Journal of abnormal and social psychology, 47 (1952), 810–817.
Schachter, S., und Wheeler, L., Epinephrine, chlorpromazine, and amusement, Journal of abnormal and social psychology, 65 (1962), 121–128.
Schlesinger, A. J., Jr., The vital center. New York, Houghton-Mifflin, 1948.
Schultz, D. P., Panic behavior. New York, Random House, 1964.
–, Sensory restriction. New York, Academic Press, 1965.
Schwab, J. R., und Iverson, M. A., Resistance of high-anxious subjects under ego threat to perception of figural distortion, Journal of consulting psychology, 28 (1964), 191–198.
Sears, R. R., Experimental studies of projection. I: Attribution of traits, Journal of social psychology, 7 (1936), 151–163.
–, A survey of objective studies of psychoanalytic concepts, Social Science Research Council bulletin 51 (1943).
Seidman, D., Bensen, S. B., Miller, I., und Meeland, T., Influence of a partner on tolerance for a self-administered electric shock, Journal of abnormal and social psychology, 54 (1957), 210-212.
Selye, H., The stress of life. New York, McGraw-Hill, 1956.
Siegman, A. W., The effect of manifest anxiety on a concept formation task, a nondirected learning task, and on timed and untimed intelligence tests, Journal of consulting psychology, 20 (1956), 176–178.
Singer, J. L., Daydreaming: an introduction to the experimental study of inner experience. New York, Random House, 1966.
–, und Schonbar, R. A., Correlates of daydreaming: a dimension of self-awareness, Journal of consulting psychology, 25 (1961), 1–6.
–, und Rowe, R. An experimental study of some relationship between daydreaming and anxiety, Journal of consulting psychology, 26 (1962), 446–454.
Spence, K. W., Behavior theory and learning. Englewood Cliffs, N. J., Prentice-Hall, 1960.
–, Anxiety (drive) level and performance in eyelid conditioning, Psychological bulletin, 61 (1964), 129–139.
Spielberger, C. D., The effects of manifest anxiety on the academic achievement of college students, Mental hygiene, 46 (1962), 420–426.
–, und Katzenmeyer, W. G., Manifest anxiety, intelligence, and college grades, Journal of consulting psychology, 23 (1959), 278.
–, Theory and research on anxiety. In: C. D. Spielberger, Hg. Anxiety and behavior. New York, Academic Press, 1966.
–, und Gorsuch, R. L., Mediating process in verbal conditioning. Report

of United States Public Health Service Grants MH 7229, MH 7446, und HD 947. September, 1966.
Stein, L., Reciprocal action of reward and punishment mechanisms. In: R. G. Heath, Hg., The role of pleasure in behavior. New York, Hoeber, 1964.
Swenson, W. M., Attitudes toward death among the aged, Minnesota medicine, 42 (1959), 399–402.
Taylor, J. A., The relationship of anxiety to the conditioned eyelid response, Journal of experimental psychology, 41 (1951), 81–92.
–, A personality scale of manifest anxiety, Journal of abnormal and social psychology, 48 (1953), 285–290.
Thompson, C., Psychoanalysis: evolution and development. New York, Hermitage House, 1950.
Tyler, E. A., The process of humanizing physiological man, Family process, 3 (1964), 280–301.
–, Psychiatry–inherited or acquired knowledge?, Journal of medical education, 35 (1960), 689–695.
Wahl, C. W., The fear of death. In: H. Feifel, Hg., The meaning of death. New York, McGraw-Hill, 1959.
Walk, R. D., Self ratings of fear in a fear-invoking situation, Journal of abnormal and social psychology, 52 (1956), 171–178.
Walker, R. E., und Spence, J. T., Relationship between digit span and anxiety, Journal of consulting psychology, 28 (1964), 220–223.
Webster's New Collegiate Dictionary. Springfield, Mass., Merriam, 1956.
Weiner, S., Dorman, D., Persky, H., Stach, T. W., Norton, J., und Levitt, E. E., Effect of increasing the plasma hydrocortisone level on anxiety, Psychosomatic medicine, 25 (1963), 69–77.
Welch, B. L., Psychophysiological response to the mean level of environmental stimulation: a theory of environmental integration, Symposium on medical aspects of stress in the military climate. Washington, D. C., Walter Reed Army Institute of Research, 1964.
Wenar, C., Reaction time as a function of manifest anxiety and stimulus intensity, Journal of abnormal and social psychology, 49 (1954), 335–340.
Westrope, M. R., Relations among Rorschach indices, manifest anxiety, and performance under stress, Journal of abnormal and social psychology, 48 (1953), 515–524.
White, R. W., Lives in progress: a study of the natural growth of personality. New York, Dryden, 1952.
Whiting, J. W. M., und Child, I. L., Child training and personality. New Haven, Yale University Press, 1953.
Winkel, G. H., und Sarason, I. G., Subject, experimenter, and situational variables in research on anxiety, Journal of abnormal and social psychology, 68 (1964), 601–608.
Yerkes, R. M., und Dodson, J. D., The relation of strength of stimulus to rapidity of habit-formation, Journal of comparative neurology and psychology, 18 (1908), 459–482.
Zuckerman, M., The development of an affect adjective check list for the measurement of anxiety, Journal of consulting psychology, 24 (1960), 457–462.
–, Kolin, E. A., Price, L., und Zoob, I., Development of a sensation-seeking scale, Journal of consulting psychology, 28 (1964), 477–482.
–, Persky, H., Hopkins, T. R., Murtaugh, T., Basu, G. K., und Schilling, M., Comparison of stress effects of perceptual and social isolation, Archives of general psychiatry, 14 (1966), 356–365.

Deutsches Schrifttum

Bowlby, J., Die Trennungsangst. Psyche 15 (1961/62), 411–464.

Drescher, G., Experimentelle Untersuchungen über die sog. »Manifeste Angst«. Unveröff. Vordiplomarbeit. Bonn 1962.

Emnid Institut für Marktforschung, Zum internationalen Meinungsbild: Der Faktor Angst. Nr. 45. Bielefeld 1956.

–, Wovor man in der Bundesrepublik Angst hat. Nr. 927. Bielefeld 1959.

–, Die Hauptursachen der Angst. Nr. 1183. Bielefeld 1962.

Fröhlich, W. D., Angst und Furcht. In: Handbuch der Psychologie, Bd. 2. Hg. H. Thomae. Göttingen 1965.

Gebsattel, H., Die phobische Fehlhaltung. In: Handbuch der Neurosenlehre. Hg. v. Frankl, V. E. u. a. München/Berlin 1959.

Hediger, H., Die Angst der Tiere. In: Die Angst. Studien aus dem C. G. Jung-Institut. Bd. X. Zürich 1959.

Hörmann, H., Untersuchungen zur sogenannten »manifesten Angst«. Z. exp. angew. Psychol. 6 (1959), 783–791.

Kierkegaard, S., Der Begriff Angst. Werke I, Hamburg 1960.

Klatt, F., Sieg über die Angst. Stuttgart 1940.

Kries, I. v., Zur Differentialdiagnose der Angstneurose und Angsthysterie. Psyche 11 (1957/58), 28–63.

Loch, W., Begriff und Funktion der Angst in der Psychoanalyse. Psyche 13 (1959/60), 801–816.

Meili, R., Angstentstehung bei Kleinkindern. Schweiz. Z. F. Psychol. XIV (1955), 195–212.

Neumann, M., Über die Angst. Basel 1947.

Riemann, F., Grundformen der Angst. München 1961.

Scheier, I. H., Das Wesen der Angst nach den Ergebnissen eines systematischen und empirischen Forschungsprogramms von 10 Jahren. Diagnostica 6 (1960), 71–86.

Schottlaender, F., Phobie. Eine Untersuchung über die Hintergründe der Neurose. Psyche 31 (1947), 167–188.

Spreen, O., Konstruktion einer Skala zur Messung der manifesten Angst in experimentellen Untersuchungen. Psychol. Forschung 26 (1961), 205–223.

Störring, G., Zur Psychopathologie und Klinik der Angstzustände. Bonn 1934.

Wieser, S., Das Schreckverhalten des Menschen. Beih. Schweiz. Z. f. Psychol. 42 (1956).